백선엽의 SNS ENGLISH

하루 한 문장 영어패턴

백선엽의 SNS ENGLISH 하루 한 문장 영어패턴

초판 1쇄 발행 2014년 8월 25일

지은이 백선엽
발행인 정현순
발행처 지혜정원

출판등록 2010년 1월 5일 제 313-2010-3호
주소 서울시 광진구 천호대로 109길 59 1층
문의 전화 (02) 6401-5510 팩스 (02) 6280-7379
홈페이지 www.jungwonbook.com

디자인 본문 조수영 표지 이용희

ISBN 978-89-94886-46-6 13740

값 12,000원

백선엽의 SNS ENGLISH

하루 한 문장 영어패턴

지혜정원

여는 글

〈하루 한 문장 영어패턴〉으로 나만의 영어 표현을 만들어 보세요.

현대는 소통의 사회입니다. 단지 국내에서만이 아니라 이제는 세계적으로 하나인 시대죠. 실제로 온라인 상에서도 아주 쉽게 외국 친구들과 정보를 공유하고 대화를 나눌 수 있습니다. SNS 시대를 살아가고 있는 우리들. 개인적으로 주로 이용하는 SNS도 페이스북, 트위터, 미투데이 등 최근에는 꽤 다양해졌습니다. 시대의 주류가 SNS이기에 개인들도 기업들도 SNS를 모르면 안 되는 상황이 벌어지고 있습니다. 가볍게는 서로의 안부를 물어볼 때도 사용되지만 본인의 의견이나 생각을 전달하기도 하고 기업에서는 마케팅을 할 때도 필수항목이 되었다고 할 수 있습니다.

〈백선엽의 SNS English - 하루 한 문장 영어패턴〉은 우리 주변에서 벌어지고 있는 다양한 상황에서 쓰이는 영어 표현을 각각의 상황에 맞는 '패턴' 으로 쉽게 접근한 새로운 방식의 책입니다. 영어 초보자들에게 꼭 필요한 기초 필수 패턴 100개를 엄선해서 우리 주변에서 가장 많이 등장하는 상황과 조합을 시켰습니다.

독자 여러분들이 저를 '영어패턴 전문가', '영어커뮤니케이션 전문가' 라 부른다는 말을 익히 들었습니다. 사실 영어를 시작하는 초보자들에게 영어패턴을 암기하는 것만큼 좋은 공부 방법을 찾기는 어렵습니다. 패턴을 암기하면서 영어에 흥미를 가지게 되면 이후에는 스스로 다양한 방법을 찾아서 영어를 접하게 됩니다. 이 책은 이러한 시대의 요구에 부응하기 위해 필요한 영어와 SNS를 접목해 좀더 쉽게 영어를 공부할 수 있도록 구성하였습니다. 이제 여러분은 이 책을 펼치고 첫 페이지부터 마지막 페이지까지 패턴과 주제를 연결시켜서 써보는 연습만 하면 됩니다.

모든 것이 그렇겠지만 영어 또한 얼마만큼의 관심을 가지고 꾸준하게 지속적으로 학습하느냐가 실력 향상의 관건입니다. 바로 오늘부터 한 문장씩 연습하고 글을 작성해 보세요. 스마트폰이 대세인 요즘은 언제 어디서나 더 쉽고 재미있게 학습이 가능한 장점이 있습니다. 장점을 잘 활용하여 꾸준히 학습하다 보면 어느 순간 어제보다 더 나아진 영어실력을 느낄 수 있을 것입니다.

백선엽

〈하루 한 문장 영어패턴〉의 특징

〈백선엽의 SNS English – 하루 한 문장 영어패턴〉은 기초 필수 패턴 100개를 엄선해서 우리의 일상에서 가장 빈번하게 등장하는 상황과 조합을 시켰습니다. 기본 패턴을 학습하고, 일상적인 표현들로 글도 쓰고 댓글도 달면서 각각의 패턴이 활용되는 모습을 보다 쉽게 학습할 수 있습니다. 패턴과 주제를 연결시켜 자신만의 표현을 직접 만들어 보세요.

PATTERN 008 | 때로는 ~하는 게 어려워요.

Sometimes it's hard to ~

STEP 1 백선엽의 SNS English 읽어 보기

Sometimes it's hard to hail a taxi. Anyone have any tips? I've tried a whistle and waving my hands. It never seems to help!

때로는 거리에서 택시 잡는 것이 어려워요. 좋은 방법 아는 사람 있어요? 난 휘파람을 불고 손도 흔들어 봤어요. 전혀 도움이 되는 것 같지 않아요!

◀ 백선엽의 SNS English 읽어 보기

실제 SNS 상에서 나올만한 글을 정리하였습니다. 선생님의 글을 미리 훔쳐본다는 생각으로 읽어 보세요.

STEP 2 메인 패턴 살펴 보기

Sometimes it's hard to **hail a taxi.**

때로는 거리에서 택시 잡는 것이 어려워요.

● ● ● hard하다는 말은 힘들고 어렵다는 말이므로 it's hard to ~는 '~하는 게 어렵고 힘들다' 는 패턴으로 보통 어떤 일을 수행하기가 용이하지 않다고 할 때 씁니다. sometimes가 붙어있으므로 '가끔, 때로는' 의 의미가 추가되겠죠? 반대 패턴은 Sometimes it's easy to ~입니다. hail a taxi는 '(길거리에서) 택시를 잡다' 라는 의미입니다.

◀ 메인 패턴 살펴 보기

새롭게 익힐 메인 패턴을 미리 살펴보고 실제로 어떤 상황에서 이 패턴이 쓰이는지 쉽게 설명했습니다.

우리 생활에 밀접하게 파고들어 많은 사람들이 활용하는 SNS(소셜 네트워크 서비스)를 활용하는 것은 그리 어렵지 않습니다. 다양한 방법으로 의사소통의 기회를 넓혀 보세요.

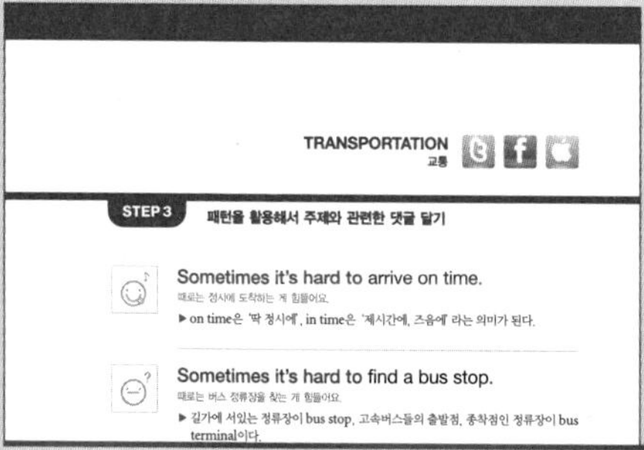
TRANSPORTATION
교통

STEP 3 패턴을 활용해서 주제와 관련한 댓글 달기

Sometimes it's hard to arrive on time.
때로는 정시에 도착하는 게 힘들어요.
▶ on time은 '딱 정시에', in time은 '제시간에, 즈음에' 라는 의미가 된다.

Sometimes it's hard to find a bus stop.
때로는 버스 정류장을 찾는 게 힘들어요.
▶ 길가에 서있는 정류장이 bus stop, 고속버스들의 출발점, 종착점인 정류장이 bus terminal이다.

◀ **패턴을 활용해서 주제와 관련한 댓글 달기**

패턴을 이용해서 각각의 주제에 맞는 댓글들을 달고 설명하였습니다.

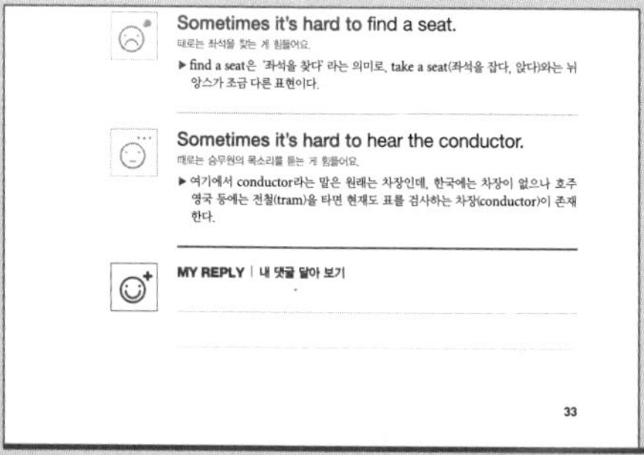
Sometimes it's hard to find a seat.
때로는 좌석을 찾는 게 힘들어요.
▶ find a seat은 '좌석을 찾다' 라는 의미로, take a seat(좌석을 잡다, 앉다)와는 뉘앙스가 조금 다른 표현이다.

Sometimes it's hard to hear the conductor.
때로는 승무원의 목소리를 듣는 게 힘들어요.
▶ 여기에서 conductor라는 말은 원래는 차장인데, 한국에는 차장이 없으나 호주 영국 등에는 전철(tram)을 타면 현재도 표를 검사하는 차장(conductor)이 존재한다.

MY REPLY | 내 댓글 달아 보기

33

◀ **내 댓글 달아보기**

간단히 자신만의 댓글을 달아 볼 수 있도록 구성하였습니다.

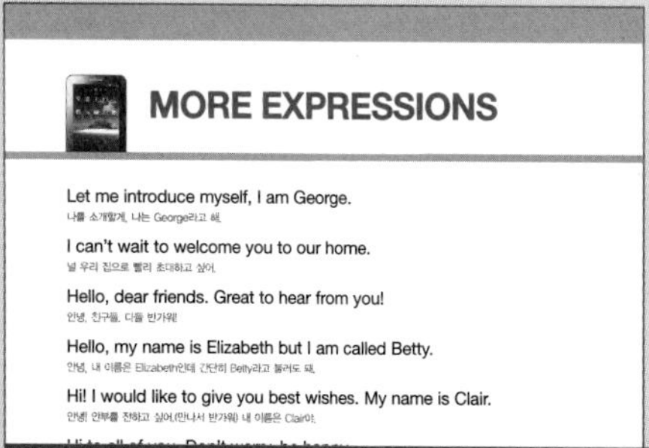
MORE EXPRESSIONS

Let me introduce myself, I am George.
나를 소개할게, 나는 George라고 해.

I can't wait to welcome you to our home.
널 우리 집으로 빨리 초대하고 싶어.

Hello, dear friends. Great to hear from you!
안녕, 친구들. 다들 반가워!

Hello, my name is Elizabeth but I am called Betty.
안녕, 내 이름은 Elizabeth인데 간단히 Betty라고 불러도 돼.

Hi! I would like to give you best wishes. My name is Clair.
안녕! 안부를 전하고 싶어.(만나서 반가워) 내 이름은 Clair야.

◀ **MORE EXPRESSIONS**

글을 쓸 때 쉽게 찾아서 활용할 수 있도록 각각의 주제에서 나올 법한 표현들을 모아서 따로 구성하였습니다.

CONTENTS

PART 1 **Daily life**

PART 2 **Feelings**

PART 3 Love & Marriage

PART 4 Study & Work

PART 5 **Leisure & Entertainment**

PART 6 Food

PART 7 Health & Beauty

PART 8 **SPORTS**

PART 9 **Special days**

PART 10 **Personal life**

PART 11 **Mind & opinions**

PART 1
Daily life

GREETINGS 인사 | **FAMILY** 가족 | **INVITATION** 초대
WEATHER 날씨 | **EATING** 식사 | **HOUSE CLEANING** 집안 청소
APPOINTMENTS 약속 | **TRANSPORTATION** 교통
SUPERMARKET 슈퍼마켓 | **A DAY** 어느 하루

PATTERN 001 | ~하기를 바랍니다.

I hope you ~

STEP 1 백선엽의 SNS English 읽어 보기

Hello, dear friends! Great to hear from you! I hope you all are doing well. I am loving my new apartment. This place is gorgeous!

안녕 친구들! 다들 만나서 반가워! 모두들 잘 지내고 있기를 바라. 난 내 새로운 아파트가 아주 마음에 들어. 이 아파트는 정말 좋아!

STEP 2 메인 패턴 살펴 보기

I hope you are doing well!

잘 지내고 있기를 바랍니다.

●●● 친구나 동료에게 안부를 물을 때 많이 쓰는 표현으로 알아두면 영어로 말할 때, SNS 상에서나 E-mail 등으로 안부를 물을 때 유용합니다. wish는 대개 이루어지기 어려운 소망을 나타내며 '~이면 좋겠다'로 해석됩니다. 반면 hope는 미래에 대한 단순한 소망을 나타냅니다. I wish I could play the violin like that.(내가 저렇게 바이올린을 칠 수 있다면 좋겠다.), I hope he arrives soon.(그가 빨리 왔으면 좋겠어요.)처럼 쓸 수 있겠죠.

STEP 3 패턴을 활용해서 주제와 관련한 댓글 달기

I hope you are in good health.

당신이 건강하기를 바랍니다.

▶ in good condition과 같은 의미이다.

I hope you are enjoying the weekend.

주말 잘 지내기를 바랍니다.

▶ weekend 앞에는 주로 the를 붙여준다.

I hope you remember me.

저를 기억하고 있기를 바랍니다.

▶ 쉬우면서도 많이 쓰는 표현으로, I was wondering if you still remember me. 같은 표현도 있다.

I hope you all have a good New Year.

여러분 모두 즐거운 새해가 되기를 바라요.

▶ 새해 인사로 많이 활용할 수 있는 표현이다.

MY REPLY | 내 댓글 달아 보기

PATTERN 002 | ~하는 것을 좋아해요.

I love getting ~

STEP 1 백선엽의 SNS English 읽어 보기

Mom is coming over today. She loves getting presents for people. She never calls on me without bringing me some foods or other. I hope she brings some pie today. I could really go for some great apple pie.

엄마가 오늘 오신답니다. 엄마는 사람들에게 줄 선물을 사는 것을 좋아해요. 저희 집에 오실 때 빈손으로 오신 적이 없답니다. 오늘은 파이를 좀 가지고 오셨으면 좋겠어요. 사과 파이가 정말 먹고 싶거든요.

STEP 2 메인 패턴 살펴 보기

She loves getting presents for people.

그녀는 사람들에게 줄 선물 사는 것을 좋아해요.

••• Love는 뒤에 to get 또는 getting 모두 올 수 있는 동사입니다. 우리는 흔히 love to get은 너무나 잘 알고 있습니다만 love getting이라는 패턴은 잘 모르고 전혀 쓰지 않는 것 같습니다. 네이티브들은 이 love getting을 아주 많이 쓴다는 사실 오늘부터 꼭 알아두세요.

STEP 3 패턴을 활용해서 주제와 관련한 댓글 달기

I love getting calls from my siblings.
난 우리 누나와 동생들에게 전화 받는 걸 좋아해요.
▶ siblings는 형제자매들

I love getting gifts for my father.
난 우리 아빠를 위해 선물 사는 것을 좋아해요.
▶ gift(선물) 대신 present를 쓸 수 있다.

I love getting letters in the mail.
난 편지를 받는 것을 좋아해요.
▶ 이메일을 받는 것은 getting E-mails이다. 메일을 보낼 때는 send를 쓴다.

I love getting your updates.
난 당신의 근황을 듣는 것을 좋아해요.
▶ Keep me updated.라는 말은 당신 근황을 내게 알려달라는 말이다. Keep me posted.라고도 한다.

MY REPLY | 내 댓글 달아 보기

PATTERN 003 | ~를 좀 가져오세요.

Bring some ~

STEP 1 백선엽의 SNS English 읽어 보기

Come over to my house at 4:00. We are having a party. Please bring some chips or some soda. We've got plenty of other food. Hope you can make it!

4시에 우리 집에 오세요. 파티를 할 거거든요. 감자칩이랑 탄산 음료를 좀 가져오세요. 다른 음식도 많이 있답니다. 꼭 와주었으면 해요!

STEP 2 메인 패턴 살펴 보기

Bring some chips or some soda.

감자칩이랑 탄산 음료를 좀 가져오세요.

●●● 파티를 열면 빠질 수 없는 게 beers와 chips입니다. chips는 감자튀김 또는 감자로 만들어진 과자 등을 가리킵니다. 친구들 사이이므로 Could you ~라던가 Would you ~를 붙이지 않고 가볍게 Bring some ~이라고 바로 얘기해도 좋습니다.

STEP 3 패턴을 활용해서 주제와 관련한 댓글 달기

Bring some pop for the kids.
아이들 주게 음료수를 좀 가져와요.

▶ pop은 소다 음료수를 말한다.

Bring some muffins to brunch.
브런치로 먹게 머핀을 좀 가져와요.

▶ brunch는 아침과 점심 사이에 하는 식사로 우리말로 표현하면 '아점' 정도라고 생각하면 된다.

Bring some extra napkins.
냅킨을 여분으로 좀 더 가져와요.

▶ extra는 발음을 조심하자.

Bring some more friends to the party.
친구 있으면 파티에 좀 데려와요.

▶ Bring some friends along.이라고 얘기해도 좋다.

MY REPLY | 내 댓글 달아 보기

PATTERN 004 | ~하는 거 잊지 마세요.

Don't forget ~

STEP 1 백선엽의 SNS English 읽어 보기

We got 10 centimeters of snow today. I've never seen this much snow. I love to play in the snow! Do you want to go sledding? Don't forget your muffler.

오늘 눈이 10센티나 왔어요. 이렇게 눈이 많이 온 건 처음 봐요. 난 눈에서 노는 게 정말 좋아요! 썰매 타러 갈래요? 목도리도 잊지 말고 가져오세요.

STEP 2 메인 패턴 살펴 보기

Don't forget your muffler.

목도리도 잊지 말고 가져오세요.

●●● 친구나 동료 사이에서 잊지 말라고 당부할 때 쓰는 표현입니다. Don't forget 다음에는 명사가 바로 올 수도 있고 아래에서 보듯이 〈to + 동사원형〉이 올 수가 있습니다. 우리도 흔히 '~하는 것 잊지 마, 까먹지 마' 라는 말을 많이 하듯이 네이티브 역시 이런 표현을 많이 씁니다.

STEP 3 패턴을 활용해서 주제와 관련한 댓글 달기

Don't forget your umbrella.

우산 잊지 마세요.

▶ Don't forget to take an umbrella with you.와 같은 표현.

Don't forget to put on sunscreen.

자외선 차단제 바르는 것 잊지 마세요.

▶ sunscreen은 sun block cream이라고도 하는데 우리말로는 '자외선 차단제' 이다. '썬크림' 이라고는 쓰지 않는다.

Don't forget your hat.

모자 잊지 마세요.

▶ hat과 cap은 모자의 모양이 다르다. 그리고 cap과 발음이 비슷한 cab은 택시라는 의미.

Don't forget to bring along your camera.

카메라를 꼭 가지고 오세요.

▶ Don't forget을 remember로 바꿔서 얘기할 수 있다. Remember to bring along your camera.

MY REPLY | 내 댓글 달아 보기

PATTERN 005 | ~을 먹을 수 있어요.

We can get ~

STEP 1 백선엽의 SNS English 읽어 보기

Let's order takeout! You pick. We can get Chinese, pizza, or maybe even burgers. What are you in the mood for? I don't care what we get.

사 가지고 가서 먹어요. 고르세요. 우리는 중국 음식, 피자, 심지어는 햄버거까지 먹을 수 있어요. 어떤 걸 먹고 싶어요? 난 뭘 먹어도 상관없어요.

STEP 2 메인 패턴 살펴 보기

We can get Chinese, pizza, or maybe even burgers.

우리는 중국 음식, 피자, 심지어는 햄버거까지 먹을 수 있어요.

●●● 이 패턴은 상황에 따라 '우린 ~를 먹을 수 있어' 라고 이해할 수도 있고, 친구들끼리 어느 집이나 기숙사에 모여 있는 상태라면 '우린 ~를 주문해서 먹을 수 있어, 우린 ~를 주문할 수 있어' 라고 이해할 수도 있습니다. 여기서 동사 get은 obtain(얻다) 또는 order(주문하다)라는 의미입니다.

STEP 3 패턴을 활용해서 주제와 관련한 댓글 달기

We can get hamburgers.
우린 햄버거를 먹을 수 있어요.

▶ 치즈버거는 cheese burger

We can get a dessert.
우린 디저트를 먹을 수 있어요.

▶ dessert로는 cake, pie 등이 있다.

We can get chicken or fish.
우린 치킨이나 피시를 먹을 수 있어요.

▶ 'Chicken or fish?'를 가장 많이 들을 수 있는 곳은? 정답은 비행기 안. 밥 먹을 때 승무원이 뭘 먹겠느냐고 물어보는 상황이다.

We can get an appetizer.
우린 애피타이저를 먹을 수 있어요.

▶ appetizer는 외래어로 그냥 애피타이저로도 많이 얘기하는 전채 음식이다.

MY REPLY | 내 댓글 달아 보기

PATTERN 006 | ~할 거예요.

I will ~

STEP 1 백선엽의 SNS English 읽어 보기

I will mop the floor tonight. Mopping the floors is a weekly task. I am so tired! Does anyone have the number to a good cleaning crew?

난 오늘 저녁에 걸레질을 할 거예요. 바닥을 닦는 건 내가 매주 하는 일이에요.(그런데) 난 너무 힘들고 피곤해요! 일 잘하는 청소업체 번호 아는 사람 있어요?

STEP 2 메인 패턴 살펴 보기

I will mop the floor tonight.

난 오늘 저녁에 걸레질을 할 거예요.

● ● ● 우리가 아는 미래시제의 90%는 I will ~로 커버가 가능합니다. '미래에 무언가를 할 예정이다, 할 것이다, 할 거예요' 등의 모든 상황에서 쓸 수 있는 패턴이 바로 I will ~이라는 것을 명심하세요. 더불어 will의 부정형은 will not보다는 won't를 더 많이 사용한다는 사실도 알아두세요.

STEP 3 패턴을 활용해서 주제와 관련한 댓글 달기

I will dust the shelves.
난 책장에 있는 먼지를 털 거예요.

▶ 여기서 dust는 명사가 아니라 '먼지를 털다'는 의미의 동사이다.

I will put my clothes away.
난 내 옷들을 치울 거예요.

▶ put away는 '~을 치우다'는 의미이다.

I will mop the floor.
나는 바닥을 밀대질 할 거예요.

▶ '밀대질을 하다'는 mop이라고 한다.

I will wash the windows.
난 창문을 닦을 거예요.

▶ break the windows는 '창문을 깨다'는 뜻이다.

MY REPLY | 내 댓글 달아 보기

PATTERN 007 | ~하러 가요.

Let's go ~

STEP 1 백선엽의 SNS English 읽어 보기

Let's go see a movie tonight. Are you free? What would you like to see? Let's think about it and then decide. I will call you later.

오늘 밤에 영화 보러 가요. 시간 괜찮아요? 어떤 영화 보고 싶어요? 생각해보고 결정해요. 내가 내일 전화할게요.

STEP 2 메인 패턴 살펴 보기

Let's go see a movie tonight.

오늘 밤에 영화 보러 가요.

●●● 친구나 동료, 가족에게 '~하자' 고 제안을 할 때 100% 쓸 수 있는 패턴이 바로 이 Let's go ~입니다. 간단히 문법을 살펴보면 Let's go 다음에 see, play 등과 같이 동사가 겹쳐 나오면 go to see나 go to play라고 하면 안 되고, go see 또는 go play 등과 같이 써야 합니다.

STEP 3 패턴을 활용해서 주제와 관련한 댓글 달기

Let's go see a show.

쇼 보러 가요.

▶ show를 이용한 재미있는 표현 하나. No money, no show.(돈 없으면 집에 가라.)

Let's go dancing.

춤 추러 가요,

▶ 〈go + ~ing〉형태로 '~하러 간다'는 뜻.

Let's go play badminton.

배드민턴 치러 가요.

▶ badminton 대신에 tennis, table tennis, soccer 등을 쓸 수 있다.

Let's go out to eat.

먹으러 나가요.

▶ go out은 '외식하다', 때로는 '데이트 하러 나가다' 라는 의미로 쓴다. 같은 의미로 Let's eat out.도 있다.

MY REPLY | 내 댓글 달아 보기

PATTERN 008 | 때로는 ~하는 게 어려워요.

Sometimes it's hard to ~

STEP 1 백선엽의 SNS English 읽어 보기

Sometimes it's hard to hail a taxi. Anyone have any tips? I've tried a whistle and waving my hands. It never seems to help!

때로는 거리에서 택시 잡는 것이 어려워요. 좋은 방법 아는 사람 있어요? 난 휘파람을 불고 손도 흔들어 봤어요. 전혀 도움이 되는 것 같지 않아요!

STEP 2 메인 패턴 살펴 보기

Sometimes it's hard to hail a taxi.

때로는 거리에서 택시 잡는 것이 어려워요.

● ● ● hard하다는 말은 힘들고 어렵다는 말이므로 it's hard to ~는 '~하는 게 어렵고 힘들다'는 패턴으로 보통 어떤 일을 수행하기가 용이하지 않다고 할 때 씁니다. sometimes가 붙어있으므로 '가끔, 때로는'의 의미가 추가되겠죠? 반대 패턴은 Sometimes it's easy to ~입니다. hail a taxi는 '(길거리에서) 택시를 잡다'라는 의미입니다.

STEP 3 패턴을 활용해서 주제와 관련한 댓글 달기

Sometimes it's hard to arrive on time.
때로는 정시에 도착하는 게 힘들어요.

▶ on time은 '딱 정시에', in time은 '제시간에, 즈음에' 라는 의미가 된다.

Sometimes it's hard to find a bus stop.
때로는 버스 정류장을 찾는 게 힘들어요.

▶ 길가에 서있는 정류장이 bus stop, 고속버스들의 출발점, 종착점인 정류장이 bus terminal이다.

Sometimes it's hard to find a seat.
때로는 좌석을 찾는 게 힘들어요.

▶ find a seat은 '좌석을 찾다' 라는 의미로, take a seat(좌석을 잡다, 앉다)와는 뉘앙스가 조금 다른 표현이다.

Sometimes it's hard to hear the conductor.
때로는 승무원의 목소리를 듣는 게 힘들어요.

▶ 여기에서 conductor라는 말은 원래는 차장인데, 한국에는 차장이 없으나 호주 영국 등에는 전철(tram)을 타면 현재도 표를 검사하는 차장(conductor)이 존재한다.

MY REPLY | 내 댓글 달아 보기

PATTERN 009 | 내가 필요한 것은 단지 ~이다.

All I need is ~

STEP 1 백선엽의 SNS English 읽어 보기

I often go to the supermarket because they are cheap. All I need is a thinly sliced ham. I absolutely loved the ham. These prices are amazing!

난 가격이 싸서 그 슈퍼마켓에 자주 가요. 내가 원하는 것은 얇게 썰어진 햄이죠. 그 햄을 정말 좋아하거든요. 그곳은 가격이 정말 싸요!

STEP 2 메인 패턴 살펴 보기

All I need is a thinly sliced ham.

내가 원하는 것은 얇게 썰어진 햄이죠.

● ● ● 이 패턴은 All I need is 다음에 나오는 말을 강조하는 효과가 있습니다. 비틀즈의 노래 〈All you need is love〉를 한번 생각해 보세요. '당신에게 필요한 것은 사랑뿐입니다' 라고 해석을 하면 됩니다.

STEP 3 패턴을 활용해서 주제와 관련한 댓글 달기

All I need is mustard and pickles.
난 단지 머스터드 소스와 피클만 있으면 돼요.

▶ in pickle은 '절여져서, 저장하여, 준비되어' 의 의미가 있다.

All I need is turkey on rye.
단지 흑빵에 칠면조 고기를 넣은 것이면 돼요.

▶ turkey는 칠면조. rye는 rye bread를 줄여서 표현한 것으로 호밀로 만든 흑빵을 의미.

All I need is one cookie for everyone in my group.
우리 그룹 모두가 쿠키 하나씩 먹을 수 있으면 돼요.

▶ cookie는 작고 납작한 과자(biscuit, small sweet cake)를 말한다.

All I need is to talk to the manager.
난 단지 매니저와 이야기 하고 싶을 뿐입니다.

▶ a general(an assistant) manager은 총(부)지배인.

MY REPLY | 내 댓글 달아 보기

PATTERN 010 | 난 그냥 ~하고 싶어요.

I just want to ~

STEP 1 백선엽의 SNS English 읽어 보기

I had a hard time getting up on Monday morning. Did anyone else? I can't believe this week is taking so long. Is it over yet? I hate working. I just want to have fun.

난 월요일 아침에 일어나기 정말 힘들어요. 누구 나 같은 사람? 이번 주가 이렇게 길다는 게 믿겨지지 않아요. 아직도 안 끝난 거예요? 일하기 싫은데. 난 그냥 재미있게 지내고 싶어요.

STEP 2 메인 패턴 살펴 보기

I just want to have fun.

난 그냥 재미있게 지내고 싶어요.

●●● 팝송 가사에도 등장하는 I just want to have fun 표현을 살펴볼까요? just가 들어가서 '단지, 그냥' 이라는 의미가 부각되었습니다. 〈want+to부정사〉는 원하는 바를 바로 표현하는 패턴으로 일상회화에서 축약해서 wanna로 많이 씁니다. have fun을 have a fun이라고 하는 사람이 있는데 a 없이 have fun으로 씁니다. 그러나 time은 have a good time이라고 합니다.

STEP 3 패턴을 활용해서 주제와 관련한 댓글 달기

I just want to eat in peace.
난 그냥 평화롭게 먹고 싶을 뿐이에요.

▶ in peace는 '조용하게, 평화롭게'의 의미

I just want to hang out with friends.
난 그냥 친구들이랑 놀고 싶어요.

▶ hang out는 '놀다, 돌아다니다(=hang around)

I just want to eat some ice cream.
난 그냥 아이스크림을 먹고 싶어요.

▶ ice cream 앞에는 some을 쓴다.

I just want to go home.
난 그냥 집에 가고 싶어요.

▶ 절대 go to home이라고 쓰지 않는다. 이런 표현도 있다. I just want to get there in one piece.(무사히 그곳에 도착하고 싶을 뿐.)

MY REPLY | 내 댓글 달아 보기

MORE EXPRESSIONS

Let me introduce myself, I am George.
나를 소개할게, 나는 George라고 해.

I can't wait to welcome you to our home.
널 우리 집으로 빨리 초대하고 싶어.

Hello, dear friends. Great to hear from you!
안녕, 친구들. 다들 반가워!

Hello, my name is Elizabeth but I am called Betty.
안녕, 내 이름은 Elizabeth인데 간단히 Betty라고 불러도 돼.

Hi! I would like to give you best wishes. My name is Clair.
안녕! 안부를 전하고 싶어.(만나서 반가워) 내 이름은 Clair야.

Hi to all of you. Don't worry, be happy.
다들 안녕. 자, 걱정은 버리고 행복하게 살자고.

Merry Christmas! What are your holiday plans?
메리 크리스마스! 연휴기간에 특별한 계획이라도?

How's it going?
잘 지내니?

Allow me to introduce myself, my name is Jack.
저를 소개하겠습니다, 제 이름은 Jack이라고 합니다.

Have a great day!
좋은 하루 보내세요!

There are three members in my family.
저희 가족은 세 명입니다.

Your brother is very nice. Thanks for introducing us.
남동생이 정말 친절하더군요. 우리한테 소개해줘서 고마워요.

I love getting together with my cousins.
난 내 사촌들이랑 함께 모여 노는 것이 좋아요.

My grandma is 80 years old today.
우리 할머님은 이제 연세가 80세이십니다.

My father was in the Navy when he was younger.
우리 아빠는 젊었을 때 해군에 복무하셨어요.

I want to visit my family over spring break. What are your plans?
난 봄 방학 때 가족들한테 가고 싶어요. 무슨 계획 있으세요?

Our family tree is complicated.
우리 집 가족 구성은 정말 복잡하다니까요.

My sister wants a sweater for her birthday. Where should I get one?
제 여동생은 생일선물로 스웨터를 받고 싶대요. 어디서 사야 할까요?

I'm hosting a family dinner tonight, and I need some menu ideas.
오늘 저녁에 가족식사를 주최하는데 메뉴를 어떤 것으로 할지 생각해 봐야 해요.

My brother is visiting me this week.
남동생이 이번 주에 나를 만나러 올 거예요.

My sister is really organized in her job.
내 여동생은 일을 야무지게 잘 해요.

Please come over my place for dinner.
저녁 먹으러 우리 집에 건너오세요.

Do you want to go get a sandwich?
샌드위치 먹으러 갈래요?

MORE EXPRESSIONS

Please come over for the party.
파티 할 건데 오세요.

I'd like it if you came to the restaurant.
식당에 오신다면 정말 좋겠습니다.

Please come to the game with us.
우리랑 게임 보러 가시죠.

Would you like to go to the movies?
영화 보러 갈래요?

Would you like to go get a cup of coffee?
커피 한 잔 드실래요?

Please come to our house for the holidays.
연휴 때 우리 집에 오세요.

We'd love to have you over for drinks.
한 잔 하시러 오셨으면 합니다.

Would you like to have dessert at my house?
우리 집에서 디저트 드시겠어요?

What's it like outside?
바깥 날씨 어때요?

The sun is very hot today.
오늘 해가 너무 뜨겁고 덥네요.

Which do you like better: cold weather or hot weather?
추운 날씨와 더운 날씨 중 어느 편이 더 좋아요?

It's hot out today! Air conditioners make houses more comfortable when it is too hot outside.
오늘 바깥 날씨 정말 장난 아니게 덥네요! 에어컨은 밖이 너무 더울 때 집을 더 편안하게 만들어주죠.

The weather forecast calls for rain, so don't forget your rain boots and umbrella.
일기예보에서 비가 온다니까 장화랑 우산 챙기는 거 잊지 마세요.

It is a fairly warm day today for winter.
오늘은 겨울 날씨 치고 꽤 따뜻하네요.

When it's windy like this, it is hard to run outside.
지금처럼 바람이 많이 불 땐 밖에서 뛰는 게 힘들어요.

On cloudy days, I want to take a nap.
흐린 날엔 낮잠을 자고 싶어요.

Bring your warmest coat. It will be cold today!
가장 따뜻한 코트 입고 오세요. 오늘은 무척 추울 거예요!

I'm tired of all this rain.
난 이 비가 정말 지긋지긋해요.

I need to have a snack. What do you have?
난 스낵이 먹고 싶어요. 뭐 있어요?

The soup was delicious! I'll have to get the recipe.
그 스프 정말 맛있었어요! 난 그 요리법을 알아야겠어요.

I want to learn how to make bread. Do you know how?
난 빵을 어떻게 만드는지 배우고 싶어요. 어떻게 만드는지 아세요?

I prefer to chew gum rather than eat mints.
난 민트를 먹느니 껌을 씹겠어요.

MORE EXPRESSIONS

I went out for Chinese food. I learned how to use chopsticks tonight!
중국 음식 먹으러 갔어요. 난 오늘 밤에 젓가락을 쓰는 방법을 배웠다니까요.

I love that recipe.
난 그 조리법이 정말 맘에 들어요.

Yogurt is my favorite snack.
요구르트는 내가 가장 좋아하는 간식이지요.

I want to make you a special meal. When can we get together?
여러분에게 특별한 요리를 만들어 주고 싶어요. 우리 언제 모일 수 있을까요?

Home-cooked meals taste best.
집에서 먹는 식사가 가장 맛있어요.

I will clean the bathroom.
난 화장실(욕실)을 청소할 거예요.

There are three loads of laundry waiting to be folded.
개야 할 빨래감이 세 무더기가 있어요.

I swept the floor clean. I plan to dust the living room tomorrow.
바닥을 깨끗하게 쓸었어요. 내일은 거실 먼지를 털 계획이에요.

I need someone to clean my room.
누가 방 청소 좀 해줬으면 좋겠네요.

I vacuumed in the room, the way I always do.
항상 하는 방식대로 진공청소기로 방을 청소했어요.

The bathtub really needs to be cleaned, so I'll make time for that this afternoon.
난 욕조 청소를 해야 해요. 그래서 내일 오후에 시간을 내보려고요.

The toilet was clogged.
변기가 완전 꽉 막혔어요.

Mops, bucket and sponges are used to clean the kitchen.
부엌을 청소하는 데 걸레, 양동이, 스펀지가 쓰였어요.

I sweep the kitchen after dinner every night.
난 매일 밤 저녁을 먹고 부엌을 청소해요.

I think the furniture needs to be polished.
가구에 윤을 내야 될 것 같아요.

Dusting the furniture is easier with a Swiffer.
먼지털이로는 가구의 먼지를 털기가 훨씬 쉬워요.

I need to clean the mirror in the bathroom.
난 화장실의 거울을 닦아야 해요.

Let's go see a movie tonight.
오늘 밤에 영화 보러 가요.

Meet me at the coffee shop.
카페에서 만나요.

I will call you later.
내가 내일 전화할게요.

I'll meet up with you at 8:00 tonight at the restaurant.
오늘밤 8시에 그 식당에서 만나요.

I'd like to get together soon.
조만간 다 모였으면 정말 좋겠네요.

Do you want to play racquetball later today?
오늘 있다가 라켓볼 칠래요?

MORE EXPRESSIONS

Let's study at the library tonight.
오늘 저녁에 도서관에서 공부해요.

I'd like to meet for lunch tomorrow.
내일 점심을 함께 먹고 싶어요.

Can we plan to talk later?
우리 나중에 얘기할 수 있을까요?

I think we should meet at the mall tomorrow.
우리 내일 쇼핑몰에서 만나요.

Which bus goes to Gwanghwamun?
광화문 가는 버스가 몇 번이에요?

Please take bus number eighty-two.
82번 버스를 타세요.

I got into a fender-bender on my way over.
여기 오는 길에 자동차 접촉 사고가 났어요.

Today, I took a taxi to the restaurant.
오늘 난 식당에 택시 타고 갔어요.

The subway is the best way to get around town.
도시를 돌기에는 지하철이 최고지요.

Parking is no problem if you ride the bus.
버스를 타고 다니면 주차는 문제되지 않아요.

I took a bus this morning and the bus was crowded.
오늘 아침에 버스를 탔는데 엄청 붐볐어요.

It's cheaper to take the bus than a taxi.
택시 타는 것보다 버스를 타는 게 더 저렴하죠.

This subway is very clean and fast.
지하철은 깨끗하고 빨라요.

I once took a water taxi in Venice.
난 베니스에서 수상택시를 타 본 적이 한 번 있어요.

The city streets are jammed with cars.
도시의 길은 차로 꽉 막혔어요.

Can I give you a ride to Gwanghwamun?
광화문까지 태워드릴까요?

You know this is where to get the best corned beef.
여기가 최고의 콘비프를 살 수 있는 곳입니다.

I can't believe I've never heard of this place.
내가 이곳에 대해서 한 번도 들어보지 못했다는 것이 믿기질 않아요.

They'll make you any sandwich that you ask for.
그들은 당신이 원하는 대로 샌드위치를 만들어줄 거예요.

I have no need to ever eat here again.
이 음식점에 다시 올 이유가 없습니다.

There's a hair in my potato salad!
내 감자 샐러드에 머리카락이 있어요!

You order at the counter.
계산대에서 주문해 주세요.

We had fresh potato salad. It was just great!
우리는 신선한 감자 샐러드를 먹었어요. 정말 좋았죠!

Peter liked to put mayonnaise on his sandwiches.
Peter는 샌드위치에 마요네즈를 넣는 것을 좋아해요..

MORE EXPRESSIONS

The rye bread was baked this morning. It's great!
그 흑빵은 오늘 아침에 구운 거예요. 정말 맛있어요!

The glass casing was fingerprinted and smudged.
그 유리 상자는 손자국이 나 있고 얼룩이 있어요.

They sell dessert salads, also. It's delicious!
그들은 디저트 빵도 팔아요. 맛있어요!

I had a hard time getting up Monday morning.
난 월요일 아침에 일어나기 정말 힘들어요.

I am making an errand list for this Saturday.
난 이번 주 토요일에 할 심부름 리스트를 짜고 있어요.

Start dinner preparations at 5:00 to have dinner ready at 6:00.
저녁을 6시에 먹을 수 있도록 5시부터 준비를 시작하세요.

I exercise five days a week to get into shape.
난 몸을 만들기 위해 일주일에 5일은 운동해요.

I'll walk the dog after work.
일 끝나고 개랑 산책할 거예요.

Do me a favor. Drop off the kids at soccer practice.
부탁 좀 할게요. 축구 연습에 아이들 좀 데려다 주세요.

I enjoy reading the newspaper before going to work.
난 일하러 가기 전에 신문 읽는 걸 좋아해요.

I want to sweep the floor before we take our walk.
산책하러 가기 전에 바닥을 닦고 싶어요.

I always prepare the meals for my family.
난 우리 가족을 위해 항상 음식을 준비해요.

PART 2
Feelings

PLEASURE 기쁨 | **HAPPINESS** 행복 | **SADNESS** 슬픔
SURPRISE 놀람 | **ANGER** 화 | **ANXIETY** 걱정 | **CONFUSION** 혼란
BOREDOM 권태 | **TENSENESS** 긴장 | **FICKLE** 변덕

PATTERN 011 | 난 정말 ~하는 것이 즐거워요.

I'm really enjoying ~

STEP 1 백선엽의 SNS English 읽어 보기

This is wonderful. I'm really enjoying myself. You should all come to Rome. It is a beautiful city with wonderful people and amazing food.

멋지네요! 정말 즐거워요. 모두 로마로 오세요. 이곳은 멋진 사람들과 놀라운 음식이 가득한 정말 아름다운 도시랍니다.

STEP 2 메인 패턴 살펴 보기

I'm really enjoying myself.

정말 즐거워요.

●●● 이 패턴에서 enjoy는 '즐기다' 라는 의미 외에도 음식을 먹는 상황에서는 '맛있다', 음악을 듣는 상황에서는 '좋다' 등으로 변화무쌍한 의미가 됩니다. 그러므로 상황을 잘 파악해서 의역을 해주세요.

STEP 3 패턴을 활용해서 주제와 관련한 댓글 달기

I'm really enjoying our time together.

난 정말로 우리가 함께 보내는 시간이 즐거워요.

▶ our time together는 get together라는 의미이다.

I'm really enjoying this meal.

난 정말로 이 음식이 맛있어요.

▶ 음식을 항상 breakfast, lunch, dinner 등만 쓰지 말고 meal을 활용해도 좋다.

I'm really enjoying his stories.

난 정말로 그 사람 얘기가 즐거워요.

▶ 여기서 his stories는 '그 사람에 관한 얘기' 또는 '그 사람이 들려주는 얘기'의 두 가지 의미가 된다.

I'm really enjoying this music.

난 정말로 이 음악이 좋아요.

▶ 여기서 enjoy는 듣는 것을 즐긴다는 의미가 된다.

MY REPLY | 내 댓글 달아 보기

PATTERN 012 | ~를 들으니 정말 좋네요.

It's wonderful to hear ~

STEP 1 백선엽의 SNS English 읽어 보기

I'm really happy for you. It's wonderful to hear such good news. Happiness is a gift. I wish you only the best for the rest of your days!

정말 기쁘네요. 그런 좋은 소식을 들어서 정말 기뻐요. 행복은 선물이에요. 다른 날들도 늘 행복하길 바라요!

STEP 2 메인 패턴 살펴 보기

It's wonderful to hear **such good news.**

그런 좋은 소식을 들어서 정말 기뻐요.

● ● ● 기쁜 소식이든, 아름다운 여성의 목소리든 간에 들어서 정말 기분이 좋다고 할 때 쓰는 패턴입니다. 여러분은 혹시 News(뉴스)의 유래를 아세요? N(north) E(east) W(west) S(south) 다시 말해 동서남북에서 일어나는 온갖 소식을 합친 게 뉴스랍니다.

STEP 3 패턴을 활용해서 주제와 관련한 댓글 달기

It's wonderful to hear her voice.

그녀의 목소리를 들으니 정말 좋아요.

▶ '목소리가 매력적이다' 라고 할 때는 attractive를 써서 Her voice is really attractive.라고 한다.

It's wonderful to hear that they are happy.

그들이 행복하다는 말을 들으니 정말 좋습니다.

▶ glad(pleased) < happy < delighted 순으로 기쁨의 정도가 강해진다. glad나 happy가 격식을 갖추지 않은 표현이라면, pleased나 delighted는 다소 격식을 갖춘 표현이다.

It's wonderful to hear about their wedding.

그 사람들 결혼소식을 들으니 정말 좋아요.

▶ celebrate(have) a wedding '결혼식을 거행하다' 는 뜻이 된다.

It's wonderful to hear children laughing.

아이들 웃는 소리를 들으니 너무 좋네요.

▶ 문법 용어 무시하고 아이들이 웃는 상황은 children laughing이라고 하면 된다.

MY REPLY | 내 댓글 달아 보기

PATTERN 013 | 그것이 나를 ~하게 해요.

That makes me ~

STEP 1 백선엽의 SNS English 읽어 보기

I can't believe that news. That makes me so sad. I think I'll cry. Tears are often a sign of sadness.

그 소식을 정말 믿을 수 없어요. 정말 슬프군요. 울 것 같아요. 눈물은 보통 슬픔의 표시잖아요. 사실이 아니었으면 좋겠어요.

STEP 2 메인 패턴 살펴 보기

That makes me so sad.

그것이 나를 정말 슬프게 해요.

●●● 그냥 간단하게 I'm sad.라고 말할 때와의 차이는 무엇일까요? I'm sad.가 '단순히 내가 슬픈 상태의 기분'을 나타낸 말이라면 That makes me ~은 '어떤 일이나 상황이 나를 슬프게 한다'는 의미입니다. 예를 들면 다큐멘터리를 통해 네팔 어린이들의 가난한 광경을 보고 있는데 그 광경이 날 슬프게 한다는 것이죠.

STEP 3 패턴을 활용해서 주제와 관련한 댓글 달기

That makes me so unhappy.

그게 날 슬프게 하네요.

▶ happy의 반대말은 sad지만 un을 붙여서 unhappy라고도 쓴다.

That makes me want to cry.

그게 날 울게끔 하네요.

▶ 간단하게 That makes me cry.라고 해도 같은 의미가 된다.

That makes me feel upset.

그게 날 당황하고 화나게 해요.

▶ upset은 '화가 난다'는 의미 이외에도 기분이 나쁘고, 실망스럽고, 당황하다는 뉘앙스도 포함되어 있다.

That makes me feel bad.

그게 날 기분 나쁘게 해요.

▶ 화가 날 때 이렇게 표현하면 정말 화가 났다는 뜻이다. 네이티브들에게 bad라는 말은 심각한 수준으로 기분이 상한다, 상했다는 의미가 되기 때문이다.

MY REPLY | 내 댓글 달아 보기

PATTERN 014 | 다들 ~해줘서 고마워요.

Thank you all for ~

STEP 1 백선엽의 SNS English 읽어 보기

What a huge surprise! I was surprised to receive a gift. What a shock! Thank you all for such a wonderful present. I'm speechless.

정말 놀랐어요! 선물을 받고 완전 놀랐죠. 충격 그 자체였어요. 멋진 선물 다들 고마워요! 입을 다물지 못하겠어요.

STEP 2 메인 패턴 살펴 보기

Thank you all for **such a wonderful present.**

멋진 선물 다들 고마워요.

● ● ● Thank you for ~패턴 속에 all을 집어넣어서 만든 패턴으로 한 사람에게 감사하는 게 아니라 여러분에게 감사한다는 의미가 되었습니다. 물론, 한 사람에게 고맙다거나 감사를 표현할 때는 Thank you for your support.라고 하면 됩니다. 같은 의미로는 I appreciate ~패턴을 이용한 I appreciate all your support.가 있습니다. 좀더 formal하고 정중한 표현입니다.

STEP 3 패턴을 활용해서 주제와 관련한 댓글 달기

Thank you all for your kind words.

여러분의 친절한 말에 감사해요.

▶ kind words는 온갖 친절한 말을 뜻한다.

Thank you all for being my friends.

내 친구들이 되어주어서 모두 고마워요.

▶ for 다음에 오는 동사는 being처럼 반드시 ~ing형으로 와서 전치사의 목적어 형태가 되어야 한다.

Thank you all for helping me.

저를 도와주신 여러분 다들 감사드립니다.

▶ help의 발음은 [헬프]가 아니라 [해을프]라고 해야 한다.

Thank you all for this party.

이 파티를 열어주신 여러분 고마워요.

▶ 미국에선 금요일, 토요일 주말마다 열리는 게 '파아리'.

MY REPLY | 내 댓글 달아 보기

PATTERN 015 | ~하는 게 두려워요.

I'm afraid to ~

STEP 1 백선엽의 SNS English 읽어 보기

I can't believe what her did. I'm so mad at her. Actually Ben doesn't know how angry I am. I'm afraid to tell him how furious I am.

그녀가 한 일을 믿을 수가 없어요. 그녀에게 정말 화가 나네요. 사실 벤은 내가 얼마나 화가 났는지 몰라요. 난 그에게 내가 얼마나 화가 나는지 얘기하기가 겁나요.

STEP 2 메인 패턴 살펴 보기

I'm afraid to tell him how furious I am.

난 그에게 내가 얼마나 화가 나는지 얘기하기가 겁나요.

●●● I'm afraid로 시작하는 패턴은 딱 두 가지만 기억하세요. 하나는 I'm afraid of dogs.(나는 개가 무서워요.)에서 보듯이 I'm afraid of ~이고, 다른 하나는 위에서 보듯이 '~하는 게 두렵다' 라는 I'm afraid to ~입니다. 가령 밤에 혼자 거리로 나가기 두려워서 나가기 싫다는 상황에서는 I'm afraid to ~패턴을 써야합니다. '두렵고 겁이 나서 하기 싫다' 정도의 의미입니다.

STEP 3 패턴을 활용해서 주제와 관련한 댓글 달기

I'm afraid to say something mean.

난 좀 바보같은 말을 할까 봐 두려워요.

▶ 여기서 mean하다는 말은 '의미하다' 가 아니고 '이상한, 바보 같은, 희한한' 의 의미이다.

I'm afraid to go out alone at night.

난 밤에 무서워서 혼자 나가기가 겁나요.

▶ go out은 '밖에 나가다', '데이트 하다' 의 두 가지 의미로 쓰인다.

I'm afraid to go home.

난 집에 가기가 겁나요.

▶ go to home이나 go house라고 쓰지 않는다.

I'm afraid to apologize.

난 사과하기가 겁이 나요.

▶ apologize(사과하다)의 명사는 apology이다.

MY REPLY | 내 댓글 달아 보기

PATTERN 016 | (내 생각에) 당신은 ~해야 할 것 같아요.

I think you should ~

STEP 1 백선엽의 SNS English 읽어 보기

I think you should seek help with your anxiety. When I feel anxious, it's hard to sleep at night. Are you having those problems too?

난 당신이 당신의 고민을 도와줄 사람을 찾아야 할 것 같아요. 난 고민이 될 때는 잠들기 힘들어요. 당신도 혹시 그런 문제가 있나요?

STEP 2 메인 패턴 살펴 보기

I think you should seek help with your anxiety.

난 당신이 당신의 고민을 도와줄 사람을 찾아야 할 것 같아요.

●●● 누구에게 조언을 할 때 쓰는 패턴으로 여기서 should는 '네가 ~했으면 좋겠다, 좀 ~해라' 라는 의미로 had better보다는 강하고 must보다는 좀 약한 충고의 뜻으로 사용됩니다.

STEP 3 패턴을 활용해서 주제와 관련한 댓글 달기

I think you should take the job.

당신은 그 일자리를 택해야 할 것 같아요.

▶ job을 택하다라고 할 때 get과 take 동사가 자주 쓰인다.

I think you should stop worrying.

당신은 걱정을 그만둬야 할 것 같아요.

▶ stop 다음에 동사+~ing형이 오면 '그만 ~하다' 는 뜻이 된다.

I think you should acknowledge the problem.

내 생각에 당신은 그 문제를 인정해야 해요.

▶ acknowledge는 '문제를 받아들이고 인정하다', 때로는 '직시하고 인식하다' 라는 뜻이다.

I think you should take a deep breath.

내 생각에 당신은 심호흡을 해야 해요.

▶ take a deep breath는 '심호흡을 하다' 는 뜻이다. 그렇다면 가벼운 호흡을 하다는 take a light breath일까? 아니다. 이때는 그냥 deep을 빼고 take a breath라고 하면 된다.

MY REPLY | 내 댓글 달아 보기

PATTERN 017 | 내가 ~하는 것 좀 도와줄래요?

Can you help me ~?

STEP 1 백선엽의 SNS English 읽어 보기

I always find my teacher confusing. Today was worse than usual. I found the directions really hard to follow. Can you help me clear this up?

난 우리 선생님이 늘 혼란스러워 한다는 걸 알아요. 오늘은 평소보다 더 심하셨다니까요. 설명을 정말 따라가기가 힘들었어요. 내가 이거 푸는 것 좀 도와줄 수 있어요?

STEP 2 메인 패턴 살펴 보기

Can you help me clear this up?

내가 이거 푸는 것 좀 도와줄 수 있어요?

●●● 우리나라 사람들이 정말 많이 틀리는 문제가 바로 〈help me+동사〉의 형태를 잘 모른다는 것입니다. 대부분은 help me to find라고 말합니다. 이때는 help me find라고 해야 합니다. 물론, help me 다음에는 with, to 등이 와도 됩니다.

STEP 3 패턴을 활용해서 주제와 관련한 댓글 달기

Can you help me with this problem?
이 문제를 좀 도와줄래요?
▶ 이 문제들을 풀고 해결하는데 나를 좀 도와줄 수 있는지를 물어보는 상황이다.

Can you help me to understand?
내가 이해할 수 있게 좀 도와줄래요?
▶ understand와 같이 to 다음에는 바로 동사가 따라나와도 된다.

Can you help me with this question?
이 질문 좀 도와줄래요?
▶ 정말 영어다운 표현으로, with를 활용할 수 있다.

Can you help me with these directions?
방향 찾는 것 좀 도와줄래요?
▶ with 다음에 these directions가 왔는데, 방향을 찾는데 도와달라는 뜻이다.

MY REPLY | 내 댓글 달아 보기

PATTERN 018 | ~라고 생각했어요. / ~인 줄 알았어요.

I thought ~

STEP 1 백선엽의 SNS English 읽어 보기

This is a very dull day. There's nothing to do, the weather is awfully cold, and I'm tired. I thought it was supposed to get warmer today. Let's hope tomorrow is much better!

오늘 정말 지루하네요. 할 일이 하나도 없어요. 날씨는 너무 춥고 난 피곤해요. 오늘은 날이 좀 풀릴 거라고 생각했어요. 내일은 더 낫기를 바라야죠!

STEP 2 메인 패턴 살펴 보기

I thought it was supposed to get warmer today.

오늘은 날이 좀 풀릴 거라고 생각했어요.

- I thought ~는 직역하면 '나는 ~했다고 생각했어(여겼어)' 가 됩니다. 즉 그렇게 생각했는데 실제로는 그렇지 않았다는 의미로 얘기할 때 주로 사용합니다. 발음할 때 주의하세요.

STEP 3 패턴을 활용해서 주제와 관련한 댓글 달기

I thought they left already.

난 걔들이 이미 떠났다고 생각했어요.

▶ 만일 had left가 되면 had already left가 되야 맞지만 여기서는 left already가 된다.

I thought the movie was funny.

난 그 영화가 재미있었다고 생각했어요.

▶ '영화가 재미있다'는 간단하게 funny을 쓴다. 반대로 '영화가 무서웠다'는 scary을 써서 The movie was scary.라고 하면 된다.

I thought Paul was handsome.

난 Paul이 잘 생겼다고 생각했어요.

▶ 잘 생긴 남자는 handsome, 예쁜 여자는 pretty나 beautiful를 쓴다. 남여 둘 다 쓰기에는 cute가 좋다.

I thought we were friends.

난 우리가 친구였다고 생각했어요.

▶ '과거에 친구였다'는 We were friends., '현재도 친구다'는 We are friends.라고 한다.

MY REPLY | 내 댓글 달아 보기

PATTERN 019 | ~했으면 좋겠어요.

I wish I could ~

STEP 1 백선엽의 SNS English 읽어 보기

I was assigned a new job again. I wish I could stop feeling so stressed. My hair is turning gray. When I feel tense, I can't relax. It's even the weekend and I'm worked up!

또 새로운 일을 맡았어요. 난 내가 너무 긴장하지 않았으면 좋겠어요. 내 머리카락이 흰머리로 변하고 있을 지경이에요. 난 긴장을 느끼게 되면 진정할 수가 없어요. 주말인데도 난 긴장하고 있다니까요!

STEP 2 메인 패턴 살펴 보기

I wish I could stop feeling so stressed.

난 내가 너무 긴장하지 않았으면 좋겠어요.

● ● ● 가정법 문장을 어렵게 생각하는 경우가 많은데 이번 패턴을 공부하면서 두려움을 떨쳐 버리세요. I wish I could ~가정법은 아주 간단합니다. '~했으면 좋겠다' 라는 의미로 현재는 할 수가 없다는 의미입니다. 다시 말해서 희망사항을 말할 때 쓰는 패턴입니다.

STEP 3 패턴을 활용해서 주제와 관련한 댓글 달기

I wish I could go home.
난 집에 갔으면 해요.

▶ 현재 집에 갈 수 있는 상황은 아니지만 집에 갔으면 하는 희망사항이다.

I wish I could finish this book.
이 책을 다 읽었으면 해요.

▶ '책을 다 읽다' 라고 할 때 finish 동사를 사용한다.

I wish I could be alone.
난 혼자 있었으면 해요.

▶ I feel like being alone.과 비슷하다.

I wish I could go exercise.
난 운동하러 갈 수 있었으면 좋겠어요.

▶ exercise하러 갈 때는 go to exercise가 아니라 go exercise라고 해야 한다.

MY REPLY | 내 댓글 달아 보기

PATTERN 020 | ~할 수가 없어요.

I just can't ~

STEP 1 백선엽의 SNS English 읽어 보기

I just can't make up my mind. Do I want to eat pepperoni or sausage on my pizza? I keep changing my mind. Both sound so good!

결정을 할 수가 없어요. 피자에 페퍼로니를 넣을까 아니면 소시지 넣을까? 맘이 계속 바뀌어요. 둘 다 좋은데 어쩌지!

STEP 2 메인 패턴 살펴 보기

I just can't make up my mind.

난 결정할 수가 없어요.

●●● just는 원래는 '단지' 라는 의미이지만 이 패턴에서는 특별히 해석을 일부러 해줄 이유는 없습니다. 그리고 make up my mind는 '마음이나 생각을 결정하다' 는 의미입니다.

STEP 3 패턴을 활용해서 주제와 관련한 댓글 달기

I just can't find the energy.

난 힘이 없어요.

▶ energy는 '힘, 세력(power)', full of energy는 '힘이 넘치는'의 의미이다. I just can't do it.는 '난 그것을 할 수가 없다'는 뜻이다. 모 신발 회사의 광고문구가 I can do it.인데 이 반대 표현이 되겠다.

I just can't choose.

난 선택할 수가 없어요.

▶ choose의 과거형은 chose다. 이런 표현도 있다. Beggars can't be choosey!(주는대로 먹어!)

I just can't make him change his mind.

난 그 사람 마음을 바꿀 수가 없어요.

▶ 이 표현을 너무 어렵게 생각할 필요는 없다. 위와 같이 간단하게 해석하면 된다.

I just can't figure him out.

나는 그를 이해할 수가 없어요.

▶ figure out '이해하다'

MY REPLY | 내 댓글 달아 보기

MORE EXPRESSIONS

Compliments make people feel good!
칭찬은 사람을 기분 좋게 만들어요!

I was excited to go to the party.
난 파티에 가는 것이 흥분돼요.

That's the best news I've heard all day.
그게 하루 종일 들은 것 중에 가장 좋은 소식이에요.

Nothing could bring me more pleasure.
이것보다 더한 즐거움은 없어요.

It's a pleasure to see you again.
다시 만나게 되어 기뻐요.

This is the happiest day of my life. I got a first place.
오늘이 내 인생에서 가장 행복한 날이에요. 난 1등 했어요.

I'm having so much fun!
난 너무 즐거워요!

This is wonderful.
훌륭해요.

I'm really enjoying myself.
난 정말 즐거워요.

This makes me so happy!
이것은 날 행복하게 만들어요!

She is the happiest person I've ever met.
그녀는 내가 만났던 사람 중에 가장 행복한 사람이에요.

Being happy makes life easier.
행복해진다는 것은 삶을 더 쉽게 만들어주지요..

Happiness is a gift.
행복은 선물이에요.

I'm really happy for you.
정말 기쁘군요.

I have never been happier.
이보다 더 기쁜 적이 없어요.

Thank you for making me so happy.
날 행복하게 해줘서 고마워요.

Happiness comes from accomplishing goals.
행복은 목표를 달성하는 데서 옵니다.

I'm trying to think of my happiest memory.
난 나의 가장 행복했던 기억을 떠올리려고 노력 중이에요.

I was happy to see my friend.
난 친구들을 봐서 좋았어요.

I'm feeling really down today.
난 오늘 기분이 정말 별로예요.

I wish I could stop feeling sad.
슬픈 기분이 그만 들었으면 좋겠어요.

Sadness is difficult.
슬픔은 (견디기가) 어려워요.

I was really sad when my dog died.
내 강아지가 죽었을 때 난 정말 슬펐어요.

I try not to dwell on sad things.
난 슬픈 것들을 생각하지 않으려고 노력해요.

MORE EXPRESSIONS

I cry during sad movies.
난 슬픈 영화를 보는 도중에 울어요.

Sadness is a healthy emotion.
슬픔은 건강한 감정 표현이죠.

I feel blue.
난 우울해요.

What a huge surprise! I was surprised to receive a gift.
놀라워요! 그 선물을 받고 난 정말 놀랐어요.

We are planning a surprise party for our friends.
친구들에게 깜짝 파티를 해줄 계획이에요.

You are a difficult person to surprise.
넌 놀라게 하기 어려운 사람이야.

The look of shock on your face was priceless.
충격받은 당신 얼굴 정말 재미있었어요.

What a shock!
놀라워요!

I have never been so surprised.
이렇게 놀란 적은 처음이에요.

My sister loves surprises.
내 여동생은 깜짝 놀라는 것을 좋아해요.

Planning a surprise is even more fun than receiving one.
깜짝 놀래줄 계획을 하는 게 놀라는 것보다 훨씬 재미있다니까요.

It's fun to have a secret.
비밀을 가진다는 것은 재미있지요.

I'm afraid to lose my temper.
나는 내가 흥분할까 봐 두려워요.

I can't believe what you did. I am so mad at you.
난 당신이 저지른 일을 믿을 수가 없어요. 정말 화가 나네요.

It is better not go to bed angry!
화난 상태에서는 잠을 자지 않는 것이 나아요.

I'm working on ways to deal with my anger.
난 내 화와 싸우기 위해서 노력하고 있어요.

When another driver cuts me off in traffic, I get really angry.
다른 운전자가 끼어들면 난 정말 화가 나요.

That man really went off the deep end.
그 남자는 버럭 화를 냈어요.

There are healthy ways to express anger.
화를 발산하는 건강한 방법이 있어요.

I'm afraid to tell her how furious I am.
난 그녀에게 내가 얼마나 화가 나는지 말하는 게 겁나요.

My parents are really angry at me.
내 부모님은 나에게 정말 화가 나셨어요.

My boss makes me so angry sometimes!
부장님은 가끔 나를 정말 화나게 만든다니까요!

Becoming angry with someone causes bad feelings.
Anger doesn't solve problems.
누군가에게 화를 내는 것은 안 좋은 기분을 유발해요. 화는 문제를 해결하지는 않아요.

MORE EXPRESSIONS

Lots of things are hard to deal with right now.
지금 당장은 많은 것들을 다루기가 힘들어요.

When my schedule gets full, I have a lot of anxiety.
내 일정이 꽉 차게 되면 나는 많이 불안해요.

I was depressed after my cat died.
고양이가 죽었을 때 나는 우울했어요.

I'm really worried about you.
난 당신이 정말 걱정돼요.

It's hard to feel calm when things go wrong.
일이 잘못되어 갈 때는 정말 진정하기 힘들어요.

Do not be anxious about anything.
어떤 것도 걱정하지 마세요.

Have you experienced severe anxiety?
심한 불안을 경험해 본 적이 있어요?

What's got you so anxious?
뭐가 그렇게 불안해요?

I was uncomfortable with his silence.
그가 침묵해서 나는 불안했어요.

I don't understand what's going on.
무슨 일이 일어나고 있는지 이해가 잘 안 돼요.

This homework assignment is really confusing. I'm going in to ask for help.
이 숙제는 정말 복잡해요. 도움을 요청해야겠어요.

I don't understand how to read this map.
난 이 지도를 어떻게 읽는지 모르겠어요.

I'm confused about how to proceed.
난 어떻게 진행해야 하는지 혼란스러워요.

I found the directions really hard to follow.
난 설명대로 따라하기가 정말 힘들어요.

I'm so confused!
난 정말 혼란스러워요!

In all the confusion, I was able to slip out of the room.
복잡한 틈을 타 방에서 빠져나올 수 있었어요.

This is clear as mud.
이것은 분명하지 않아요.

Can you help me clear this up?
이것 푸는 것 좀 도와줄 수 있어요?

Don't confuse the ideal with the real.
이상과 현실을 혼동하지 마세요.

Her ambivalence confuses me.
그녀의 모호한 태도는 나를 혼란스럽게 해요.

This is so boring!
이건 정말 지루해요!

I thought the movie was the dullest I'd ever seen. What did you think?
난 그 영화가 내가 보았던 것 중에 가장 지루했다고 생각해요. 어떻게 생각했어요?

MORE EXPRESSIONS

Many people think golf is a boring sport, but I enjoy it.
많은 사람들은 골프가 지루한 운동이라고 생각하지만 난 재미있어요.

I never feel bored. I'm too busy!
난 절대 지루하지 않아요. 난 너무너무 바빠요!

What should we do today?
우리 오늘 어떻게 해야 하죠?

My daughter always complains that she is bored.
내 딸은 그녀가 지루하다고 늘 불평해요.

This is a very dull day.
오늘은 정말 지루한 날이에요.

Folding laundry is a tedious activity.
빨래 개는 일은 지루한 일이에요.

The orchestra concert was very monotonous. I hope the next one is more interesting.
그 오케스트라 공연은 정말 단조로웠어요. 다음 번에는 좀더 재미있으면 좋겠어요.

It's been a very long meeting for all concerned.
모두에게 정말 지루한 회의였어요.

I don't want you to be nervous.
긴장하지 않았으면 좋겠군요.

Mellow out.
긴장을 풀어요.

My mom is on edge all the time. I hope I won't inherit that.
엄마는 항상 안절부절 못해요. 난 그것을 물려받지 않았으면 해요.

My brother often gets tension headaches.
내 남동생들은 종종 신경성 두통이 있어요.

Stress is a huge part of my life. How about you?
스트레스는 내 인생의 큰 부분이에요. 당신은 어떤가요?

I don't know what causes stress.
난 무엇이 스트레스를 유발하는지 모르겠어요.

I'm learning some techniques to deal with stress. I'll tell you about them, if you're interested.
난 스트레스를 다루는 기술을 배우고 있어요. 관심이 있다면 말해줄게요.

I don't understand why you're so tense.
왜 그렇게 긴장하는지 이해가 안 가네요.

I'd like to be alone for a few minutes to deal with this.
난 이것을 다루기 위해 잠시 혼자 있고 싶어요.

My muscles are incredibly tense. I wish I could get a massage.
내 근육은 매우 긴장해 있어요. 마사지를 받았으면 좋겠네요.

I feel tense when we take off.
비행기가 이륙할 때는 긴장이 됩니다.

You have no reason to have cold feet.
전혀 긴장할 필요가 없어요.

She's a little flaky.
그녀는 약간 괴짜예요.

It's hard for me to stick to a decision.
이미 한 결정을 밀고 나가는 것은 어려워요.

MORE EXPRESSIONS

I try not to be fickle.
난 변덕스럽지 않으려고 노력해요.

A fickle heart is lighter than a feather.
변덕스러운 마음은 깃털보다 가벼워요.

It's so easy to sway my brother's opinion.
내 남동생의 생각을 바꾸는 것은 정말 쉬워요.

I just can't make up my mind.
난 결정할 수가 없어요.

Explain the choices again, please.
그 선택들에 대해서 다시 설명해 주세요.

Stop being so fickle.
그만 변덕스럽게 굴어요.

You need to stick to a decision.
당신은 그 결정을 고수해야 해요.

I've never met such a fickle girl. Do you know her?
난 그렇게 변덕스러운 여자를 만나본 적이 없어요. 그 여자 알아요?

PART 3
Love & Marriage

LOOKING FOR A RELATIONSHIP 인연 찾기 | **LOVE EXPRESSIONS** 사랑 표현 | **DATE** 데이트 | **FALLING IN LOVE** 사랑에 빠지다 **BOYFRIEND & GIRLFRIEND** 이성 친구 | **ARGUING** 다툼 **PARTING** 헤어짐 | **PROPOSING** 청혼 | **WEDDING** 결혼식 **HONEYMOON** 신혼여행 | **PREGNANCY** 임신

PATTERN 021 | ~하려고 생각 중이에요.

I'm thinking about ~

STEP 1 백선엽의 SNS English 읽어 보기

I'm looking to start a relationship. I'm thinking about signing up for an online dating service. Has anyone ever used one? I'm nervous!

난 연애를 시작하려고 해요. 온라인 데이트 서비스에 가입할까 생각 중이에요. 누구 사용해 본 사람 없어요? 긴장되네요!

STEP 2 메인 패턴 살펴 보기

I'm thinking about signing up for an online dating service.

데이트 서비스에 가입할까 생각 중이에요.

● ● ● '~하려고 생각 중이야'는 I'm thinking about ~과 I'm thinking of ~패턴을 활용할 수 있습니다. 이때 I'm thinking about ~에 about이 있다고 해서 반드시 '~에 대해서'라고 해석할 필요는 없습니다.

LOOKING FOR A RELATIONSHIP
인연 찾기

STEP 3 패턴을 활용해서 주제와 관련한 댓글 달기

I'm thinking about trying an online dating service.
난 온라인 데이트 서비스를 할까 생각 중이에요.

▶ online dating service는 인터넷으로 하는 데이트 서비스를 말한다.

I'm thinking about calling that woman.
난 그 여자분한테 전화를 할까 생각 중이에요.

▶ calling that woman는 '그녀에게 전화를 걸다' 는 의미

I'm thinking about you.
난 당신을 생각해요.

▶ '당신에 대해서 생각하다' 라고 딱딱하게 하지 말고 자연스럽게 해석하자.

I'm thinking about going on a blind date.
난 미팅을 할까 생각 중이에요.

▶ blind date는 미팅 또는 소개팅을 일컫는다.

MY REPLY | 내 댓글 달아 보기

PATTERN 022 | 당신은 가장 ~한 사람이에요.

You're the best ~

STEP 1 백선엽의 SNS English 읽어 보기

You're the light of my life. You're the sugar in my coffee. You're the best part of my day. You complete me. I want you to always know it.

당신은 내게 빛입니다. 당신은 내 커피의 설탕 같은 존재예요. 당신은 내 인생에 있어 최고의 사람입니다. 당신은 나를 완전하게 해요. 당신이 이것을 항상 알았으면 해요.

STEP 2 메인 패턴 살펴 보기

You're the best part of my day.

당신은 내 인생에 있어 최고의 사람입니다.

●●● 우리 민족은 가까운 친구에게, 연인에게 위와 같은 말을 하기를 참 부끄러워합니다. 사랑을 꼭 말로 해야 아느냐고요? 그렇죠! 요즘에는 표현을 해야 합니다. 패턴을 잘 익혀서 꼭 애인이 아니더라도 주변의 사람에게 칭찬을 해 주세요.

STEP 3 패턴을 활용해서 주제와 관련한 댓글 달기

You're the best consultant ever.

당신은 최고의 상담자입니다.

▶ ever가 들어가 있으므로 '지금까지, 가운데' 라는 의미가 된다.

You're the best.

당신이 최고예요.

▶ 아주 간단하지 않은가? 엄지손가락을 치켜세우며 쓰면 딱 좋은 표현이다.

You're the best person I know.

당신은 내가 아는 최고의 사람이에요.

▶ 최고의 찬사표현이다.

You're the best friend in the world.

당신은 내 친구 가운데 최고예요.

▶ You're the best friend anyone could hope for.와 같은 의미이다.

MY REPLY | 내 댓글 달아 보기

PATTERN 023 | ~할 계획이에요.

I'm planning ~

STEP 1 백선엽의 SNS English 읽어 보기

It's so exciting. I've never met anyone like him before. He's so unique! We have a date this weekend. I'm planning to go hiking.

정말 신나요. 난 전에 그와 같은 사람을 만나본 적이 없어요. 그는 정말 독특해요! 우리는 이번 주말에 데이트를 할 거랍니다. 난 등산을 할 계획이에요.

STEP 2 메인 패턴 살펴 보기

I'm planning to go hiking.

난 등산을 할 계획이에요.

결혼이나 여행, 공부를 계획한다고 할 때도 I'm planning ~패턴을 씁니다. '~할 계획이다' 에서 '~하려고 한다' 라는 의미로 발전되어 쓰이기도 합니다. 참고로 일반인들이 하는 가벼운 등산은 hiking이라고 씁니다. mountain climbing은 주로 전문적인 산악 등반을 의미합니다.

DATE
데이트

STEP 3 패턴을 활용해서 주제와 관련한 댓글 달기

I'm planning on asking Chelsie to marry me.

난 Chelsie에게 청혼을 할 계획입니다.

▶ 쉽게 propose라고 해도 되지만 이렇게도 표현한다.

I'm planning a romantic getaway.

난 로맨틱한 휴가를 계획 중입니다.

▶ getaway는 휴가.

I'm planning to surprise Neil with a trip.

난 여행으로 Neil을 놀라게 할 거예요.

▶ 누군가를 놀라게 할 거라고 할 때는 to 다음에 surprise를 넣어서 말하면 된다.

I'm planning our life together.

전 우리가 삶을 함께 하는 것을 계획 중이에요.

▶ our life together는 '우리의 삶을 함께 보낸다' 는 의미이다.

MY REPLY | 내 댓글 달아 보기

PATTERN 024 | 난 ~을 결코 느낀 적이 없어요.

I've never felt ~

STEP 1 백선엽의 SNS English 읽어 보기

We spend so much time together. Nothing has ever felt so right. I've never been so happy. Do you know what I mean? She's so wonderful!

우리는 함께 많은 시간을 보냈어요. 이렇게 옳게 느껴진 것은 아무것도 없었어요. 난 이렇게 행복했던 적이 없었어요. 내가 무슨 말을 하는지 알겠어요? 그녀는 정말 멋져요!

STEP 2 메인 패턴 살펴 보기

Nothing has ever felt so right.

이렇게 옳게 느껴진 것은 아무것도 없었어요.

● ● ● I've never felt ~는 '더 ~함을 결코 느끼지 못했다' 고 할 때 쓰는 패턴입니다. Nothing has ever felt so right.은 도치된 문장으로 지금의 감정을 강조하고 있지요.

STEP 3 패턴을 활용해서 주제와 관련한 댓글 달기

I've never felt this way before.

이런 느낌 처음입니다.

▶ This is the first time feeling like this for someone.과 같은 의미로 당신만큼 사랑해 본 사람이 없다 정도로 이해하면 된다.

I've never felt so good in my life.

내 생애에서 그렇게 기분 좋았던 적은 없었어요.

▶ in my life는 '내 인생에서'

I've never felt so loved.

이렇게 사랑받긴 처음이에요.

▶ so loved는 '사랑 받는다' 는 뜻이다.

I've never felt as good as I do now.

요즘처럼 기분 좋은 적은 없어요.

▶ as … as ~는 '…만큼 ~하다' 의 의미로 as 이하에 앞과 반복되는 말이 올 때는 생략할 수 있다.

MY REPLY | 내 댓글 달아 보기

PATTERN 025 | 난 어떻게 ~할지 모르겠어요.

I don't know how ~

STEP 1 백선엽의 SNS English 읽어 보기

I want to be a great girlfriend. I try to support my boyfriend in all he does. But I don't know how to put it.

난 최고의 여자 친구가 되고 싶어요. 나는 내 남자 친구가 하는 모든 것을 지지해 주려고 노력해요. 하지만 그렇다는 걸 어떻게 말해야 할지 모르겠어요.

STEP 2 메인 패턴 살펴 보기

I don't know how to put it.

어떻게 말해야 할지 모르겠어요.

● ● ● I don't know how ~ 또는 I don't know how to ~ 패턴은 '~하는지 모르겠다' 라는 의미의 패턴으로 how 다음에는 '주어+동사' 가 올 수도 있고 바로 동사가 등장할 수도 있습니다.

STEP 3 패턴을 활용해서 주제와 관련한 댓글 달기

I don't know how I'll feel when my niece is old enough to date.

우리 조카가 데이트할 나이가 되면 내 기분이 어떨지 모르겠어요.

▶ 형용사 다음에 enough가 나오면 '~하기에 충분한' 의 의미가 된다.

I don't know how I'll ever live without you.

내가 당신 없이 어떻게 살아갈지 모르겠어요.

▶ 여기서 ever는 별 의미를 두지 않아도 된다.

I don't know how my brother can date that woman.

우리 오빠가 어떻게 저 여자랑 데이트를 하는지 모르겠어요.

▶ date는 동사로 '데이트 하다' 는 뜻.

I don't know how to kill time.

시간을 어떻게 보내야 할 지 모르겠어요.

▶ 일반적으로 '시간을 보내다' 라고 할 때는 spend time을 주로 쓰지만, 아주 무료한 시간을 보낼 때는 kill time이라고 한다.

MY REPLY | 내 댓글 달아 보기

PATTERN 026 | 나는 왜 ~했는지 기억할 수 없어요.

I can't even remember why ~

STEP 1 백선엽의 SNS English 읽어 보기

I'm so mad at my boyfriend! But do you know what the funny part is? I can't even remember why we started arguing in the first place!

난 내 남자 친구에게 정말 화가 나요! 하지만 정말 웃긴 게 뭔지 알아요? 난 애초에 왜 우리가 싸우기 시작했는지 기억도 나지 않는다는 거예요.

STEP 2 메인 패턴 살펴 보기

I can't even remember why we started arguing in the first place!

난 애초에 왜 우리가 싸우기 시작했는지 기억도 나지 않아요.

● ● ● I can't even remember why ~는 '~하는 것조차 기억할 수가 없다' 고 할 때 가장 많이 쓰이는 패턴으로, 예문에서 보는 것처럼 뒤에는 늘 why(왜)라는 단어가 등장합니다. I can't remember ~(~가 기억나지 않는다)보다 강한 의미죠. in the first place는 〈애초에〉라는 의미입니다.

STEP 3 패턴을 활용해서 주제와 관련한 댓글 달기

I can't even remember why we fell in love.

난 우리가 왜 사랑에 빠졌는지조차도 기억할 수가 없어요.

▶ fall in love는 '사랑에 빠지다'

I can't even remember why we wanted to come here.

난 우리가 왜 여기에 오려고 했었는지 기억조차 없어요.

▶ want to come처럼 동사 다음에 동사가 오면 중간에 to가 들어가야 한다.

I can't even remember why we thought this was a bad idea.

난 이게 왜 아주 안 좋은 생각이라고 여겼는지조차도 기억할 수가 없어요.

▶ thought의 발음에 주의하자.

I can't even remember why I said that.

난 왜 내가 그렇게 말했는지조차도 기억할 수가 없어요.

▶ 말다툼 끝에 사과를 하거나 화해를 할 때 쓸 수 있는 표현이다.

MY REPLY | 내 댓글 달아 보기

PATTERN 027 | ~이 믿어져요?

Can you believe ~?

STEP 1 백선엽의 SNS English 읽어 보기

Can you believe it's been ten years since we broke up? It was hard at first. The breakup affect me for many years! But I'm better now.

우리가 헤어진 지 10년이 됐다는 게 믿어져요? 처음에는 힘들었어요. 실연은 몇 년 동안 나에게 영향을 미쳤어요. 하지만 이제는 괜찮아요.

STEP 2 메인 패턴 살펴 보기

Can you believe it's been ten years since we broke up?

우리가 헤어진 지 10년이 됐다는 게 믿어져요?

●●● 잉꼬부부가 헤어진다고 할 때나 누군가가 갑자기 돌아가셨다고 할 때와 같이 어떤 상황이 믿을 수 없다고 느껴질 때 쓰는 패턴입니다. 의문사가 앞에 나와서 '왜, 어떻게' 등으로 표현할 수도 있습니다. Why can't you believe it?(너는 왜 그것을 믿을 수 없니?)

STEP 3 패턴을 활용해서 주제와 관련한 댓글 달기

Can you believe they broke up?
그 사람들 헤어진 것이 믿어져요?
▶ break up은 '끝내다', '헤어지다' 의 뜻.

Can you believe they're getting a divorce?
그 사람들 이혼한다는 것 믿어져요?
▶ '이혼하다' 는 표현은 get a divorce이다.

Can you believe she did that?
그녀가 그걸 했다는 게 믿겨져요?
▶ did that은 [디댓]이라고 붙여서 발음한다.

Can you believe she could be that stupid?
그녀가 저렇게 어리석을 수 있다는 것을 믿을 수 있겠어요?
▶ stupid는 '어리석은, 우둔한' 의 의미로 foolish와 같은 의미다.

MY REPLY | 내 댓글 달아 보기

PATTERN 028 | 내가 ~하리라고 생각도 못했어요.

I never thought I would ~

STEP 1 백선엽의 SNS English 읽어 보기

I finally did it. I asked her for her hand in marriage. I never thought I would be so nervous. But she said yes! I'm so happy.

제가 드디어 했어요. 그녀의 손에 청혼을 했어요. 그렇게 긴장되리라고 생각도 못했어요. 그런데 그녀가 나의 프로포즈를 받아주었어요! 너무 행복해요.

STEP 2 메인 패턴 살펴 보기

I never thought I would be so nervous.

그렇게 긴장되리라고 생각도 못했어요.

● ● ● I never thought I would ~는 예상하지 못한 일을 겪었을 때 사용하는 패턴입니다. 여기서는 프로포즈를 하면 긴장이 되는 건 당연하지만 생각했던 것보다 훨씬 더 많이 긴장이 되었다는 의미입니다.

PROPOSING
청혼

STEP 3 패턴을 활용해서 주제와 관련한 댓글 달기

I never thought I would get married!
난 내가 결혼을 하리라고는 생각도 못했어요.

▶ 혼자 싱글로 살게 될 거라 생각했는데 결혼을 하게 되어 기쁘다는 의미이다.

I never thought I would ask her father for permission!
내가 그녀의 아버지께 결혼 허락을 받아야 할 거라고는 생각도 못했어요.

▶ 개방적인 것 같지만 미국에서도 보수적인 집안에서는 아빠의 허락을 받아야 결혼을 하는 경우도 많다.

I never thought I would be out shopping for a ring.
내가 반지를 사러 쇼핑을 가리라고는 생각도 못했어요.

▶ be outt는 '~을 사러 밖에 나가다' 라는 의미.

I never thought I would ask her to marry me.
내가 그녀에게 청혼을 하리라고는 생각도 못했어요.

▶ 프로포즈 없이 결혼하면 평생을 구박받고 산다는 사실 잊지 말자.

MY REPLY | 내 댓글 달아 보기

PATTERN 029 | ~이 있었어요.

There were ~

STEP 1 백선엽의 SNS English 읽어 보기

That was a magnificent wedding, and there were many candles at the church and white roses on the altar. It was beautiful. Anyone get pictures? I'd love to see some please!

정말 성대한 결혼식이었어요. 그리고 제단에는 많은 초와 하얀 장미가 있었죠. 정말 아름다웠어요. 누구 사진 찍은 사람 없어요? 정말 보고 싶은데!

STEP 2 메인 패턴 살펴 보기

There were many candles at the church and white roses on the altar.

제단에는 많은 양초와 하얀 장미가 있었어요.

● ● ● There are ~의 과거형 패턴이 바로 There were ~(~이 있었다)입니다. 부정문 '~이 없었다'는 There was not ~이나 There was no ~를 씁니다. There was no room here.(여기에는 여유 공간이 없었어요.)처럼 쓸 수 있겠죠.

STEP 3 패턴을 활용해서 주제와 관련한 댓글 달기

There were pink lilies in the church.
교회에 분홍색 백합이 있었어요.

▶ lily(백합), 참고로 Florence의 별칭이 the city of lilies(백합의 도시)이다.

There were seven bridesmaids!
결혼식에 신부 들러리가 7명이나 있었어요.

▶ 신부 들러리는 bridesmaid, 신랑 들러리는 bestman이다.

There were many musicians.
많은 음악 연주자들이 있었어요.

▶ magician(마술사)이 아니라 음악가를 뜻하는 musician

There were lots of happy people.
아주 기뻐하는 사람들이 많았어요.

▶ lots of는 many(많은)의 의미이다.

MY REPLY | 내 댓글 달아 보기

PATTERN 030 | 정말 ~한데요!

What a wonderful ~

STEP 1 백선엽의 SNS English 읽어 보기

The resort was so very relaxing. It's a very modern resort. You should all go. My first word was "What a wonderful place!".

그 리조트는 매우 편안했어요. 그곳은 아주 현대식 휴양지예요. 모두 거기에 가봐야 해요. 나의 첫 마디가 '이렇게 환상적인 곳이 있다니' 였다니까요.

STEP 2 메인 패턴 살펴 보기

What a wonderful place!

정말 환상적이 곳이네요!

● ● ● Eric Clapton의 노래 〈What a wonderful world!(정말 아름다운 세상이네요!)〉처럼 What a wonderful ~은 감탄할 때 쓰는 패턴입니다.

STEP 3 패턴을 활용해서 주제와 관련한 댓글 달기

What a wonderful view!
전망이 정말 좋은데요!

▶ view는 우리말로 '전망'이라고 할 수 있다.

What a wonderful meal!
음식이 정말 맛있군요!

▶ 식사, 끼니를 통틀어서 간단히 meal이라고 한다.

What a wonderful life!
정말 아름다운 인생이죠!

▶ 정말 인생이 좋고, 살 맛이 날 때 쓰는 표현이다.

What a wonderful trip!
여행이 정말 좋군요!

▶ trip의 발음은 [트립]이 아니라 [츄립]이라고 하는 것이 원어민에 더 가깝다.

MY REPLY | 내 댓글 달아 보기

PATTERN 031 | ~면 말해 주세요.

Let me know if ~

STEP 1 백선엽의 SNS English 읽어 보기

I went to the doctor today and the ultrasound went very well. No bad news, and pictures are coming soon! Let me know if you want some.

오늘 병원에 다녀왔는데 초음파는 잘 작동이 되었어요. 나쁜 소식은 없었고, 그리고 사진이 곧 나온대요! 보고 싶으면 연락하세요.

STEP 2 메인 패턴 살펴 보기

Let me know if you want some.

보고 싶으면 연락하세요.

●●● Let me know if ~는 '~한지 어떤지' 또는 '~하면 나한테 알려줘' 라고 할 때 쓰는 패턴으로 네이티브들이 정말 많이 사용합니다. 처음에는 입에 잘 붙지 않겠지만 대화할 때 빈번하게 나오는 패턴이니 자주 사용해서 익숙해지도록 하세요. Please let me know if you have any suggestions.(제안할 게 있으면 말씀해 주세요.), Please let me know if this is possible.(가능 여부를 알려주세요.)

STEP 3 패턴을 활용해서 주제와 관련한 댓글 달기

Let me know if you need any help.
도움이 필요하면 내게 알려주세요.

▶ help 단어의 발음은 [L] 발음이 있기 때문에 헬프(×), 해을프(○)

Let me know if you're having contractions.
진통 있으면 알려주세요.

▶ contradiction은 '부정', contraction은 '수축, 진통' 으로 전혀 다른 의미이다.

Let me know if you want the doctor.
의사를 원하면 내게 알려주세요.

▶ 미국의 자동차 번호판을 보면 MD라고 쓰여진 것들이 있는데, 이것은 Medical Doctor를 줄여서 표현한 것으로 의사들의 자동차를 의미한다.

Let me know if you want a baby shower.
베이비샤워가 필요하면 알려주세요.

▶ baby shower는 만삭이 된 임산부의 친구들이 유아용품을 들고 방문해서 파티를 하는 것을 말한다.

MY REPLY | 내 댓글 달아 보기

MORE EXPRESSIONS

I'm looking for a caring person with a fun sense of humor.
난 유머감각이 있는 다정한 사람을 찾고 있어요.

I haven't dated anyone in awhile, and I'd like to get back out there.
난 한동안 아무도 사귀지 않았어요. 그래서 다시 이전으로 돌아가고 싶어요.

I'm looking to start a relationship.
난 연애를 시작하려고 해요.

My best friend just started dating a great guy, and I wonder if he has any friends he could set me up with.
내 가장 친한 친구는 괜찮은 사람과 사귀기 시작했는데, 그가 나에게 소개해줄 만한 친구들이 혹시 있는지 궁금해요.

Beginning a relationship is really hard.
관계를 시작한다는 것은 정말 힘들어요.

I just want to find someone I feel comfortable with.
난 편안한 느낌을 가질 수 있는 누군가를 찾기를 원해요.

My parents met at college. I always wonder if I'll meet my husband there.
우리 부모님께서는 대학 때 만나셨어요. 나도 내 남편을 그곳에서 만날 수 있을지 항상 궁금해요.

I really want to meet "the one".
난 '누군가'를 만나고 싶어요.

You're the light of my life.
당신은 내 인생의 빛이에요.

He is the apple of my eye.
그 사람은 내게 정말 소중해요.

I'm head over heels for you.
난 당신에게 반했어요.

I've never felt this way about anyone before.
난 전에 그 누구에게도 이런 느낌을 가진 적이 없어요.

You complete me.
당신은 부족한 나를 완전하게 채워주는 사람입니다.

I can't stop thinking about him; he's the one for me.
난 그 사람만 생각나요 그는 나에게 전부랍니다.

I want to be with him all the time.
난 그와 항상 함께 있고 싶어요.

You're my number one!
당신은 내게 1순위예요.

She's my everything.
나한텐 그녀가 전부입니다.

I'd like to take my girlfriend somewhere special for our one-month anniversary.
난 한 달 기념일에 내 여자 친구를 어딘가 특별한 곳에 데려가고 싶어요.

What should I do to let him know that I'm interested and would like to take the relationship further?
내가 그에게 관심이 있고 더 깊은 관계를 맺고 싶다는 것을 어떻게 알리지요?

We spent lots of time texting and talking on the phone before our first date.
우리는 우리의 첫 번째 데이트 전에 문자와 전화를 하는 데 많은 시간을 보냈어요.

Sometimes group dates take the pressure off when meeting someone new.
가끔 그룹 데이트는 새로운 누군가를 만나는 긴장을 완화해줘요.

MORE EXPRESSIONS

It's so exciting. I've never met anyone like him before.
정말 신나요. 난 전에 그와 같은 사람을 만나본 적이 없어요.

I'm going to get my car washed and detailed before I pick her up for our date Saturday.
토요일에 그녀와 데이트 하기 전에 내 차를 완벽하게 세차할 거예요.

I'm planning a fun bowling date for this weekend.
이번 주말에 볼링 데이트를 계획 중이에요.

When we first started dating, I thought about him all the time.
우리가 처음 데이트를 시작했을 때 난 그에 대해 항상 생각했어요.

On our first date, my boyfriend took me to dinner and a play.
우리의 첫 번째 데이트 날, 내 남자 친구는 우리를 저녁식사와 연극에 데려갔어요.

It was a magical evening walking, talking, and holding hands.
걷고, 대화하고 손을 잡는 마술 같은 끝내주는 저녁이었어요.

I've never felt like this before.
난 이렇게 느껴본 적이 없어요.

I feel like I'm seeing and feeling everything for the first time.
난 처음으로 이런 기분을 보고 느껴요.

I truly feel like he's the one.
난 진심으로 그가 나만의 사람이라고 느껴요.

I would do anything in the world for her.
난 그녀를 위해 뭐든지 할 거예요.

I've never been so happy. She's so wonderful!
난 이렇게 기뻤던 적이 없어요. 그녀는 정말 놀라워요!

I wish I knew a way to show him how I feel.
내가 어떻게 느끼는지 그에게 표현할 방법을 알았으면 좋겠어요.

I love him so much more than I ever thought possible.
나는 내가 전에 가능하다고 생각했던 것보다 훨씬 더 그를 사랑해요.

Every moment together is the best moment of my life.
함께한 매 순간은 내 인생의 최고의 순간이에요.

I've wanted to marry her from the first time we met.
나는 우리가 만났던 처음 그 순간부터 그녀와 결혼하고 싶었어요.

My boyfriend is taking me to dinner tonight!
내 남자 친구는 나를 오늘 밤에 저녁식사에 데려갈 거예요!

My girlfriend is the best cook I know. She made chicken and dumplings from scratch tonight.
내 여자 친구는 내가 아는 요리사 중 최고예요. 그녀는 오늘밤에 치킨과 만두를 만들었어요.

My boyfriend is pursuing a degree in criminal justice.
내 남자 친구는 형사 행정학의 학위를 취득하는 중이에요.

My brother has an awesome girlfriend. She already feels like part of the family.
내 남동생은 멋진 여자 친구가 있어요. 그녀는 이미 내 가족의 일부처럼 느껴져요.

My boyfriend is always planning romantic surprises.
내 남자 친구는 언제나 로맨틱한 깜짝 파티를 준비해요.

I would describe my girlfriend as beautiful, energetic, fun, and intelligent.
나는 내 여자 친구를 아름답고, 힘있고, 재미있고, 지적이라고 설명할 거예요.

MORE EXPRESSIONS

Words can't describe the way I feel about my boyfriend.
내가 남자 친구에게 느끼는 기분은 말로 표현할 수 없어요.

I love spending time with my girlfriend. She's the most fun and loving person I know.
난 내 여자 친구와 시간을 보내는 게 좋아요. 그녀는 내가 아는 사람 중에 가장 재미있고 사랑스러운 사람이에요.

Before we got married, my husband and I set "rules" for arguing. They're hard to stick to!
우리가 결혼하기 전 남편과 나는 싸우는 것에 대한 규칙을 정했어요. 지키기가 정말 어렵네요!

I have trouble "fighting fair" when I argue.
난 내가 싸울 때 정정당당하게 싸우기 힘들어요.

I'm still really upset about the argument my boyfriend and I had today. I feel like he doesn't understand me at all.
난 여전히 오늘 내 남자 친구와 다퉜던 것에 대해 화가 나요. 그가 나를 전혀 이해하지 않는 것 같은 기분이에요.

I have a hard time controlling my temper when we argue.
우리가 싸울 때 나는 내 감정을 조절하기 힘들어요.

We had a really terrible argument this afternoon.
우리는 오늘 오후에 끔찍한 논쟁을 벌였어요.

I'm so mad at my boyfriend!
난 내 남자 친구에게 너무 화가 나요!

We most often argue about money and time spent together.
우리는 돈이랑 함께 보내는 시간 때문에 가끔 다투어요.

Arguments always leave a bad taste in my mouth.
다툼은 항상 뭔가 개운하지 않은 것을 남겨요.

Once we had a silly argument about who took out the trash.
우리는 언젠가 쓰레기를 내다버리는 것에 대해 바보 같은 싸움을 한 적이 있어요.

The breakup affected me for many years.
실연은 몇 년 동안 나에게 영향을 끼쳤어요.

My boyfriend dumped me yesterday, out of the blue.
내 남자 친구는 어제 나를 찼어요.

I don't know how to tell her it's over.
난 그녀에게 이제 끝났다고 어떻게 말해야 할지 모르겠어요.

The relationship ended really badly.
관계가 정말 안 좋게 끝났어요.

I don't know what I'm going to do without her.
난 그녀 없이 어떻게 살아야 할지 모르겠어요.

I thought we would be together forever. This has been a total shock.
난 우리가 영원할 거라고 생각했어요. 이건 정말 충격이에요.

I feel so awful breaking up with him. I know he's really hurt.
난 그와 헤어진 것에 대해 너무 마음이 아파요. 그는 나에게 상처를 주었어요.

She told me, bluntly, that she fell in love with someone else.
그녀는 나에게 그녀가 다른 사람과 사랑에 빠졌다고 직설적으로 말했어요.

He moved away and we weren't able to keep the relationship going.
그는 떠났고 우리는 관계를 더 이상 지속할 수 없었어요.

I still think about him every day. He was the love of my life.
난 여전히 그가 매일 떠올라요. 그는 내 사랑이었는데.

How to fix a broken heart?
상처받은 마음을 어떻게 치유하죠?

I don't know what I'm going to do without him.
난 그 없이 어떻게 살아야 할지 모르겠어요.

MORE EXPRESSIONS

We're planning a June wedding.
우린 올 6월에 결혼을 계획하고 있어요.

I'm buying an engagement ring. What should I get?
난 약혼 반지를 살 거예요. 어떤 걸 사야 할까요?

We are planning our future together.
우리는 미래를 함께 계획할 거예요.

We set the date of our nuptials.
우리는 결혼 날짜를 정했어요.

She cried when I ask her to marry me. How sweet!
그녀는 내가 결혼하자고 했을 때 울었어요. 얼마나 사랑스럽던지!

We met with our parents to tell them about our engagement!
우리의 약혼에 대해 말하기 위해서 부모님을 만났어요.

The engagement ring came in a beautiful velvet box. She loved it.
약혼반지는 아름다운 벨벳 상자에 있었어요. 그녀는 좋아했어요.

My girlfriend was very surprised when I ask her to marry me.
내 여자 친구는 내가 그녀에게 결혼하자고 했을 때 매우 놀랐어요.

We will be getting married in a church. Are you coming?
우리는 교회에서 결혼할 거예요. 오실 거죠?

We will be engaged for a year before the wedding.
우리는 결혼하기 전에 10년 동안 약혼해 있었어요.

I attended my friend's wedding yesterday.
난 어제 친구 결혼식에 갔었어요.

The bride looked beautiful. Like an angel!
그 신부는 아름다웠어요. 마치 천사 같았죠!

The bridesmaid wore blue. It was pretty.
그 신부 들러리는 파란 옷을 입었어요. 정말 예뻤어요.

The music was beautiful, wasn't it?
그 음악은 아름다웠어요, 그렇지 않았어요?

There were smiles on everyone's faces.
다들 미소 짓고 있었어요.

The church was full of well wishers.
그 교회는 행복을 비는 사람들로 가득했어요.

The groom looked very nervous.
신랑은 긴장되어 보였어요.

The bride wore a beautiful white dress. Loved it!
신부는 아름다운 흰색 드레스를 입었어요. 난 정말 맘에 들었어요!

The mothers both cried.
어머니 두 분 모두 우셨어요.

Congratulations and happiness on your wedding day.
결혼을 축하하며 행복을 기원합니다.

We will be traveling for one week. Wish us luck!
우리는 한 주 동안 여행을 다녀올 거예요. 우리에게 행운을 빌어줘요!

The beach was romantic. I got pictures!
그 해변은 로맨틱했어요. 난 사진을 좀 찍었죠!

We planned this trip very carefully. Want the details?
우리는 매우 조심스럽게 이번 여행 계획을 세웠어요. 구체적으로 알기 원해요?

We reserved the bridal suite.
우리는 신혼부부용 스위트룸을 예약했어요.

MORE EXPRESSIONS

We ate lobster on our first night together.
우리는 첫날밤에 랍스터를 먹었어요.

We did do some sightseeing this morning.
우리는 오늘 아침 관광을 했어요.

I was nervous to fly. Anyone have any tips?
난 비행기 타는 게 긴장이 되었어요. 조언 좀 해 줄 사람?

What a wonderful way to start our lives.
우리의 삶을 시작하는 완벽한 방식이에요.

We want to wait to have children.
우리는 아이를 천천히 가지기로 했어요.

I would like to have three children. Anyone have ideas for names?
난 세 명의 아이를 가질 거예요. 이름을 어떻게 지을까요?

The baby is due in January.
1월이 산달이에요.

We toured the hospital. Anyone have advice?
우리는 병원을 전전했어요. 조언 좀 해 줄 사람 있나요?

We don't want to know the sex of the baby. Don't ask!
우리는 아이의 성별에 대해 알고 싶지 않아요. 물어보지 마세요!

I had morning sickness for two months. Not fun.
난 두 달 동안 입덧을 했어요. 전혀 즐겁지 않았죠.

It takes nine months to have a baby.
아이를 낳는 데는 9달이 걸려요.

The contractions are fifteen minutes apart.
진통은 15분 간격으로 와요.

PART 4
Study & Work

TEST 시험 | **CLASS** 수업 | **ROOMMATES** 룸메이트
LIBRARY 도서관 | **PART TIME JOB** 아르바이트
JOB INTERVIEW 취직 면접 | **AT THE OFFICE** 사무실에서
PROMOTION 승진 | **BUSINESS MEETINGS** 비즈니스 미팅

PATTERN 032 | 난 ~할 수 없었어요.

I couldn't ~

STEP 1 백선엽의 SNS English 읽어 보기

The exam took me two hours. I just had to stop. I couldn't answer any more true-false questions. I'm burnt out. If I'm lucky I'll pass.

그 시험은 두 시간이 걸렸어요! 난 멈춰야만 했어요. 난 더 이상의 OX 문제에 답할 수 없었어요. 난 지쳤어요. 내가 운이 좋다면 통과하겠죠.

STEP 2 메인 패턴 살펴 보기

I couldn't answer any more true-false questions.

난 더 이상의 OX 문제에 답할 수 없었어요.

● ● ● can(할 수 있다)의 부정형 can't의 과거이므로 couldn't를 써서 I couldn't ~로 씁니다. '~할 수가 없었다' 란 의미가 되겠죠.

TEST
시험

STEP 3 패턴을 활용해서 주제와 관련한 댓글 달기

I couldn't write any faster.
나는 더 빨리 쓸 수가 없었어요.
▶ 비교급 any faster를 꼭 기억해 두자.

I couldn't write anything else.
나는 다른 것을 더 쓸 수가 없었어요.
▶ 부정문이므로 something이 아니라 anything을 써야 한다.

I couldn't imagine how to study any better.
공부를 더 잘 할 수 있는 방법을 상상할 수가 없었어요.
▶ 〈How to + 동사〉는 '~하는 방법' 의 의미가 있다.

I couldn't pass the final exams.
난 기말고사에서 통과할 수가 없었어요.
▶ finals, final exams는 기말고사, midterms, midterm exams는 중간고사.

MY REPLY | 내 댓글 달아 보기

PATTERN 033 | 이건 내가 ~한 것이 아니에요.

This wasn't how I ~

STEP 1 백선엽의 SNS English 읽어 보기

This wasn't how I thought the class would go. The class is really difficult. I'm not up to it. I'd like to cut classes if I can.

이건 내가 생각했던 수업방식이 아니었어요. 수업이 정말 어려워요. 난 감당할 수가 없어요. 할 수만 있다면 수업을 빠지고 싶어요.

STEP 2 메인 패턴 살펴 보기

This wasn't how I thought the class would go.

이건 내가 생각했던 수업방식이 아니었어요.

● ● ● 영어로는 쉬운데 우리말로는 정말 힘든 패턴이 바로 This wasn't how I ~ 입니다. 간단하게 이것은 '내가 ~했던 게 아닙니다' 라는 의미입니다.

CLASS
수업

STEP 3 패턴을 활용해서 주제와 관련한 댓글 달기

This wasn't how I wanted to spend my afternoon learning.

이건 내가 원했던 오후시간 수업이 아니었어요.

▶ 시간을 들이거나 정력, 노력 등을 들일 때도 spend를 쓴다.

This wasn't how I wanted him to answer my question.

이건 내가 원했던 내 질문에 대한 그의 답변은 아니었어요.

▶ question은 명사와 동사로 모두 쓰이는데 여기서는 명사로 쓰였다.

This wasn't how I believed he would help us learn.

이건 내가 믿었던 그가 우리 배우는 것을 도울 것이라는 게 아니었어요.

▶ '~가 배우는 것을 돕다'는 help와 learn 사이에 ~가 온다. help children learn(아이들이 배우는 것을 돕다), help you learn(네가 배우는 것을 돕다)

This wasn't how I imagined he would teach.

이건 내가 상상했던 그가 가르치는 방법이 아니었어요.

MY REPLY | 내 댓글 달아 보기

PATTERN 034 | 난 훨씬 더 잘 ~할 거예요.

I'll be much more ~

STEP 1 백선엽의 SNS English 읽어 보기

My roommate was a real pain in the neck. She stayed up late. Almost 2 AM! I didn't like living with her. Never again! I'll be much more picky next time.

내 룸메이트는 정말 골칫거리였어요. 그녀는 늦게까지 자지 않았어요. 거의 새벽 2시까지! 난 그녀와 살았던 것이 마음에 들지 않았어요. 절대 다시는 안 살아요! 난 다음 번에는 더 까다롭게 고를 거예요.

STEP 2 메인 패턴 살펴 보기

I'll be much more picky next time.

난 다음 번에는 더 까다롭게 고를 거예요.

● ● ● '훨씬 더 ~할 것이다' 라고 할 때 쓰는 패턴입니다. much를 빼고 I'll be more ~로도 많이 씁니다. I'll be more careful in the future.(앞으로는 조심할게요.)

STEP 3 패턴을 활용해서 주제와 관련한 댓글 달기

I'll be much more picky with who I live with.

난 누구랑 살지에 대해서 훨씬 더 까다롭게 굴 거예요.

▶ picky는 성격이 까다롭거나, 식성이 까다로울 때 많이 쓰는 단어다.

I'll be much more happy when I move out.

난 이사 나오면 훨씬 더 행복할 거예요.

▶ much more는 잘 알다시피 '최상급' 이다. '이사 나오다' 는 move out, 반대로 '이사 들어오다' 는 move in이라고 한다.

I'll be much more careful about taking out the garbage!

난 쓰레기를 치우는 데 훨씬 더 조심할 거예요.

▶ 쓰레기를 내다버린다고 할 때 take out the garbage라고 한다.

I'll be much more patient with my next roommate!

난 다음 내 룸메이트한테 좀 더 인내심을 가질 거예요.

▶ 여기서 next roommate는 옆방에 사는 룸메이트가 아니라 다음에 같이 살게 될 룸메이트를 말한다.

MY REPLY | 내 댓글 달아 보기

PATTERN 035 | ~이 가능한가요?

Is it possible to ~?

STEP 1 백선엽의 SNS English 읽어 보기

I went to the library yesterday. I wish there were more books in the library. I tried to find four books but could only get three. By the way, is it possible to borrow for collection of dissertations?

나는 어제 도서관에 갔었어요. 도서관에 책이 더 많았으면 좋겠어요. 나는 4개의 책을 찾아야 했는데 3개밖에 못 찾았어요. 그런데 논문집을 빌리는 것이 가능한가요?

STEP 2 메인 패턴 살펴 보기

It is possible to borrow for collection of dissertations?

논문집을 빌리는 것이 가능한가요?

●●● possible은 '가능한'의 뜻이 있습니다. 그러므로 Is it possible to ~?는 정말 그것이 가능한지 아닌지를 물어볼 때 쓰는 패턴입니다. 아주 공손하게 표현하려면 Would it be possible to ~?라고 물어봐도 됩니다. Would it be possible to get a table?(자리 있습니까?)

STEP 3 패턴을 활용해서 주제와 관련한 댓글 달기

Is it possible to text message a librarian?

도서관 직원에게 문자 보내는 게 가능한가요?

▶ text는 '(스마트폰이나 핸드폰으로) 문자를 보내다' 라는 뜻이다.

Is it possible to check out a book on reserve?

예약된 책 대출이 가능한가요?

▶ 도서관 가면 reserve된 책들이 있다. 보통 book on reserve라고 하는데, 이 책들은 대출이 불가능하므로 도서관 안에서만 봐야 한다.

Is it possible to request an audio book?

오디오 북을 요청하는 게 가능합니까?

▶ 요즘 미국에서는 audio book이 대세다.

Is it possible to take a bus bound for City library from here?

여기서 시티 도서관 가는 버스 탈 수 있나요?

▶ bound와 버스·열차·비행기 등의 교통수단이 함께 나오면 '~행(行)의', 사람이 함께 나오면 '~에 가는 길인, ~로 가는 도중에' 라는 의미가 된다.

MY REPLY | 내 댓글 달아 보기

PATTERN 036 | 그것은 ~일 거예요.

It'll be a ~

STEP 1 백선엽의 SNS English 읽어 보기

I need to find a new career. Anyone know any jobs? Today I work eight hours, and it's all manual labor. It'll be a long day!

난 새로운 일을 찾아야 해요. 어떤 직업이 있을까요? 오늘 난 여덟 시간 일해요. 그리고 그것은 전부 육체노동이에요. 힘든 하루가 되겠죠!

STEP 2 메인 패턴 살펴 보기

It'll be a long day!

힘든 하루가 되겠죠!

●●● 영어 표현 중에 It's been a long day.가 있습니다. '하루가 정말 힘들고 길었다' 라고 할 때 쓰는 표현인데, 이와 아주 비슷한 표현이 바로 It'll be a long day.입니다. 하루를 시작하기 전에 '힘든 하루가 될 것 같다' 는 의미죠. 즉 It'll be a ~는 미래에 대한 예측을 할 때 쓰는 패턴입니다.

STEP 3 패턴을 활용해서 주제와 관련한 댓글 달기

It'll be a step back in my career path.

그건 내 커리어에서 한 걸음 물러나는 것일 거예요.

▶ career path는 간단히 '커리어' 라는 의미이고, step back은 한 걸음 물러나는 것을 의미한다.

It'll be a good opportunity for a change.

그건 변화할 수 있는 좋은 기회가 될 거예요.

▶ opportunity '기회'. 이런 표현도 있다. Once in lifetime opportunity.(인생에 오는 한번의 기회.)

It'll be a lower salary.

급료는 좀 낮을 거예요.

▶ lower는 비교급으로 '더 낮은, 더 적은' 의 의미이다.

It'll be a major change!

그건 큰 변화일 거예요.

▶ major는 '(둘 중에서) 큰 쪽의, 보다 많은, 대다수의, 과반수의' 의 의미가 있다.

MY REPLY | 내 댓글 달아 보기

PATTERN 037 | 난 ~이 많았어요.

I've had a lot of ~

STEP 1 백선엽의 SNS English 읽어 보기

I've had a lot of experience working with people and helping different departments cooperate. That should help me get the job, right?

난 사람들과 함께 일하고 다른 부서와 협력한 경험이 많아요. 그 경험은 내가 직업을 얻는 데 도움이 될 거예요, 그렇죠?

STEP 2 메인 패턴 살펴 보기

I've had a lot of experience working with people and helping different departments cooperate.

난 사람들과 함께 일하고 다른 부서와 협력한 경험이 많아요.

● ● ● 과거부터 지금까지의 상황을 설명하는 것이므로 I have had a lot of ~를 사용하는 게 좋습니다. 예전부터 협력했던 경험이 많았다는 뜻이죠. 현재 '~할 것이 많다' 는 I have a lot of ~를 사용합니다. I have had a lot of depressing things happen to me.(온통 우울한 일 뿐이네요.)라고 하면 과거부터 쭉 우울한 일만 생긴다는 의미이고, I have a lot of free time.(여유 시간이 많아요.)라고 하면 현재 여유 시간이 많다는 의미가 되겠죠.

STEP 3 패턴을 활용해서 주제와 관련한 댓글 달기

I've had a lot of inquiries about my resume.

난 내 이력에 대해 질문을 많이 받았어요.

▶ resume는 이력서. inquiry는 뒤에 about이 붙어서 '~대한 질문' 이 된다.

I've had a lot of questions that were the same.

난 같은 질문을 많이 받았어요.

▶ 개인적인 질문은 personal question, 까다로운 질문은 tricky question, 대답하기 곤란한 질문은 tough question, 중요한 질문은 key question이다.

I've had a lot of time to look at job ads.

난 구직광고를 볼 시간이 많았어요.

▶ 찾는 것은 look for, 보는 것은 look at이다.

I've had a lot of job interviews this week!

난 이번 주에 면접이 많았어요.

▶ 이 표현에서 interviews 앞에는 job이 생략된 것이다.

MY REPLY | 내 댓글 달아 보기

PATTERN 038 | 나는 ~라고 들었어요.

I was told to ~

STEP 1 백선엽의 SNS English 읽어 보기

My boss talked to me today. He checks on me often. He's too snoopy. I was told to be more punctual. Any tips?

부장님이 오늘 나에게 말했어요. 그분은 날 자주 확인해요. 그는 너무 기웃거려요. 난 시간을 잘 지키라는 말을 들었어요. 도움말 줄 거 있으신가요?

STEP 2 메인 패턴 살펴 보기

I was told to **be more punctual.**

난 시간을 잘 지키라는 말을 들었어요.

● ● ● I was told to ~는 '누구에게 ~하라고 들었다' 는 뜻입니다. 즉, '누가 ~를 하라고 했다' 고 할 때 쓰는 패턴이죠. 이 정도의 패턴을 구사하게 되면 영어 잘한다는 소리를 들을 수도 있습니다. 시간이나 때를 나타내는 부사는 I was told와 to 사이에 넣습니다. I was told yesterday to come at 11p.m.(난 어제 11시에 오라고 들었어요.)처럼 쓸 수 있겠죠.

STEP 3 패턴을 활용해서 주제와 관련한 댓글 달기

I was told to work on Saturday.
토요일에 일하라고 들었어요.
▶ Saturday 뒤에 -s가 붙어 있지 않으므로 매주 토요일은 아니다.

I was told to never make coffee again.
다시는 커피를 타지 말라고 들었어요.
▶ make coffee는 '커피를 타다' 는 뜻.

I was told to make copies for the meeting.
미팅을 위해 복사를 하라고 들었어요.
▶ make copies는 '복사를 하다' 는 의미이다.

I was told to arrive on time!
제 시간에 도착하라고 들었어요.
▶ on time는 '정각에, 제시간에' 라는 뜻이다.

MY REPLY | 내 댓글 달아 보기

PATTERN 039 | 나에게 ~를 보내주세요.

Send me ~

STEP 1 백선엽의 SNS English 읽어 보기

I got a promotion! The new position even pays better. Yes! Who wants to celebrate over dinner tonight? Send me an email if you're interested!

나 승진했어요! 새로운 자리에선 급여 조건도 좋죠. 좋아요! 오늘 저녁에 축하해주고 싶은 사람 있어요? 관심 있으면 이메일 보내주세요.

STEP 2 메인 패턴 살펴 보기

Send me an email if you're interested.

관심 있으면 이메일 보내주세요.

● ● ● 정보 등을 알려달라고 하거나 보내달라고 할 때 Send me ~패턴을 쓸 수 있습니다. 앞에 Please를 써서 Please send me ~라고 쓰면 좀더 공손한 느낌이 됩니다. Please send me your proposal by E-mail.(제안서를 이메일로 보내 주세요.)

STEP 3 패턴을 활용해서 주제와 관련한 댓글 달기

Send me your availability.
자리 나는 것에 대해 알려주세요.
▶ availability는 포지션이 있는지를 물어볼 때 쓰는 단어이다.

Send me your ideal position.
원하시는 자리를 알려주세요.
▶ ideal position은 '이상적인 포지션' 이다.

Send me your new job position details.
새로운 자리에 대한 세부사항을 알려주세요.
▶ job position details는 구체적인 사항을 의미한다.

Send me your salary requirements.
희망연봉을 보내주세요.
▶ salary requirements은 '희망 연봉', basic salary은 '기본 급료', starting salary은 '초봉' 이다.

MY REPLY | 내 댓글 달아 보기

PATTERN 040 | 난 ~이 아니었으면 해요.

I hope it doesn't ~

STEP 1 백선엽의 SNS English 읽어 보기

My boss asked us each for input. I gave her mine. But her face suddenly turned stern. I hope it doesn't mean I'm in trouble.

부장님은 우리 각자에게 조언을 구했어요. 난 그녀에게 내 생각을 말했어요. 그런데 부장님의 얼굴이 갑자기 굳어졌어요. 이것이 나에게 문제가 되지 않았으면 좋겠어요.

STEP 2 메인 패턴 살펴 보기

I hope it doesn't mean I'm in trouble.

이것이 나에게 문제가 되지 않았으면 좋겠어요.

• • • I hope it doesn't ~는 희망이나 바람을 얘기할 때 쓰는 패턴입니다. I hope 다음에 that이 생략된 형태죠. '바라다, 생각하다'의 의미를 지닌 hope는 hope+to do, hope+that절의 형태로 표현할 수 있습니다.

STEP 3 패턴을 활용해서 주제와 관련한 댓글 달기

I hope it doesn't continue tomorrow.

내일까지 가지 않았으면 좋겠어요.

▶ 내일이 되기 전에 모두 끝냈으면 좋겠다는 의미가 된다.

I hope it doesn't resemble last week's meeting.

난 지난주 미팅을 답습하지 않았으면 해요.

▶ resemble은 '닮다, 공통점이 있다' 는 뜻이다.

I hope it doesn't last too long.

오래 걸리지 않았으면 해요.

▶ last는 '마지막' 이 아니라 '지속하다' 라는 의미의 동사이다.

I hope it doesn't take all week.

한 주 내내 걸리지 않았으면 합니다.

▶ take는 '시간이 걸리다' 의미로 쓰였다.

MY REPLY | 내 댓글 달아 보기

MORE EXPRESSIONS

There were six essay questions. Stressful!
여섯 개의 논술 문제가 있었어요. 완전 스트레스죠!

This math test stressed me. I hate math!
이 수학시험이 완전 스트레스였어요. 난 수학이 너무 싫어요!

Nancy forgot to bring her calculator.
Nancy는 그녀의 계산기를 가져오는 것을 잊어버렸어요.

I barely earned a passing grade. At least I passed!
난 겨우 통과점수를 받았어요. 그래도 통과했네요!

My brother failed the History test.
내 남동생은 역사 시험에서 떨어졌어요.

I didn't know how to prepare. Any advice?
난 어떻게 준비해야 할지 모르겠어요. 조언해 줄 것 없어요?

I crammed the night before the final exam.
난 기말고사 전에 벼락치기를 했어요.

Mary's husband teaches math. He's so good!
Mary 남편은 수학을 가르쳐요. 그는 정말 잘해요!

That professor only likes research.
그 교수는 리서치하는 것만 좋아해요.

His office is filled with papers.
그의 사무실은 서류들로 가득차 있어요.

My teacher held office hours.
우리 교수님은 사무실 방문시간을 정했어요.

Professor Lee published two papers. They were good!
이교수님은 두개의 논문을 출간했어요. 그 논문들은 훌륭했죠!

Her professor wrote that book. It's amazing taking his class!
그녀의 교수는 그 책을 썼어요. 그분의 수업을 듣다니 단지 놀라울 뿐이에요!

I saw Mark copying exams. That's cheating!
나는 Mark가 시험을 베끼는 것을 보았어요. 저건 부정행위예요!

My professor wanted me to do extra work.
교수님은 내가 일을 더하기를 원하셨어요.

My brother had the same professor. What a coincidence!
우리 남동생은 같은 교수님 아래서 수업했어요. 이런 우연의 일치가!

I get along fine with my roommate.
난 룸메이트와 잘 지내요.

I share my room with one roommate.
난 룸메이트 한 명과 같이 지내요.

They shared a bedroom. Can you believe that?
그들은 침실을 함께 써요. 믿어져요?

I cleaned and he cooked. It went fast.
난 청소를 했고 그는 요리를 했죠. 우리는 빠르게 일을 했어요.

We refused to paint the walls. It wasn't good.
우리는 벽을 칠하는 걸 거절했어요. 좋지 않았거든요.

They often argued loudly.
그들은 종종 크게 싸웠어요.

We lived together for two years. It was so long.
우리는 2년 동안 함께 살았어요. 정말 긴 시간이었어요.

It was on the third floor.
그곳은 3층에 있었어요.

MORE EXPRESSIONS

That librarian is cute!
도서관 직원 정말 귀엽네요!

The card catalog is all online now.
카드로 된 카달로그는 지금 다 온라인으로 바뀌었어요.

All of the journal entries are digital.
모든 논문들은 디지털로 되어 있어요.

The library has access to over one hundred databases.
그 도서관에는 백 가지가 넘는 데이터베이스가 연결됩니다.

I printed out the entire slide show on their printer.
난 슬라이드 전체를 프린트했어요.

I found a quiet corner to finish my reading before class.
수업 전에 책을 다 읽을 수 있는 조용한 곳을 찾았어요.

Did you start your research?
리서치 시작했어요?

I tried to find four articles but could only get three.
4가지 기사를 찾아야 했는데 3개밖에 못 찾았어요.

They didn't have a single book about tigers!
도서관에는 호랑이에 대한 책들이 한 권도 없었어요.

It is possible to make copies of copyrighted material?
저작권이 있는 책들 복사가 가능합니까?

It'll be a big change in the hours I work.
내 근무시간에 있어 큰 변화가 될 거예요.

I get paid minimum wage.
난 최저임금을 받아요.

Part time jobs usually don't pay very well.
파트타임 직업은 보통 돈을 많이 주지 않아요.

It was only a summer job. Back to school today!
그것은 여름 동안에만 하는 일이었어요. 오늘 학교로 돌아왔어요!

My boss let me set my own hours.
내 상사는 내가 스스로 시간을 정하도록 허락했어요.

I applied for it last week. Hope I got it!
난 지난주에 지원했어요. 됐으면 좋겠어요!

Three of us do the job of one person.
우리 세 명이 한 명이 할 일을 해요.

I need to find a new career. Anyone know any jobs?
난 새로운 일을 찾아야 해요. 어떤 직업이 있을까요?

I've had a lot of luck lately!
요즘 운이 좋다니까요!

I'm nervous about having a job interview tomorrow.
내일 있을 면접 때문에 긴장이 돼요.

What kind of clothes should I wear for a job interview?
면접 때 어떤 옷을 입고 가야 할까요?

They asked about my past. Actually, I'm a bit of a workaholic.
그들은 내 과거에 대해서 물어봤어요. 사실 난 약간 일 중독이었거든요.

Always be polite when on a job interview and always dress your best for a job interview.
직업 인터뷰를 할 때는 항상 공손하게 하고 당신이 생각하는 최고의 옷을 입고 가세요.

MORE EXPRESSIONS

We talked for two hours. That's long!
우리는 두 시간을 이야기 했어요. 정말 길었죠!

Maybe that's a good sign.
아마도 좋은 신호였던 것 같아요.

Interviewing for a job can be scary.
면접 보는 건 두려운 일일 수 있어요.

She asked tough questions! What would you have answered?
그 여자 분은 어려운 질문들을 했어요! 당신이라면 뭐라고 답했겠어요?

I bought a new suit for it. Should I have gotten black?
난 면접을 위해 새 정장을 샀어요. 검정색으로 샀어야 했을까요?

They discussed salary with me.
그들은 나와 함께 봉급에 대해 의논했어요.

I was told to finish the job by the COB(Close Of Business) today.
그 일을 오늘 업무 종료 때까지 끝내라는 지시를 받았어요.

My desk is too messy.
내 책상은 지저분해요.

I have my performance evaluation next week.
나는 다음 주에 업무 평가가 있어요.

The computer crashed yesterday.
그 컴퓨터는 어제 고장 났어요.

I'm going to need a few more hours to wrap up that proposal.
그 제안을 마무리 하려면 몇 시간 정도 더 걸릴 거예요.

We're going to have a brainstorming session this afternoon.
우리는 오늘 오후에 브레인스토밍 시간을 가질 거예요.

Fridays we can dress casually. How should I dress?
금요일은 편하게 입고 오는 날이에요. 어떻게 입을까요?

I'm in charge of payroll. Any tips on making it better?
난 급여를 담당하고 있어요. 더 잘 할 수 있는 방법 있을까요?

Our cleaning lady is very nice.
우리 청소부 아줌마는 매우 친절해요.

Send me your new proposals.
새로운 제안을 보내주세요.

I hope to move up in the company.
난 회사에서 승진하고 싶어요.

I was denied a promotion.
나는 승진을 거절당했어요.

I need to get more clients. Any tips?
난 더 많은 고객을 유치해야 해요. 도움 주실 분?

My boss thinks highly of me!
부장님은 날 높게 평가해요!

There will be a celebration party for his promotion.
그의 승진을 축하하는 파티가 있을 예정이에요.

We were asked to make more profit. How do we do that?
우리는 더 많은 이익을 만들어내라고 요구 받았어요. 어떻게 하죠?

She even got a new office! Good for her!
그녀는 새로운 직장을 가졌어요! 잘 된 거죠!

My position has no chance of promotion. I need to quit.
내 자리는 승진 가능성이 없어요. 난 그만두고 싶어요.

MORE EXPRESSIONS

Now I can set my own hours!
이제 나는 나만의 시간을 가질 수 있어요!

Congratulations on your promotion!
승진을 축하해요!

We meet every Tuesday. Everyone come with!
우리는 매주 화요일에 만나요. 모두 와요!

I hope it doesn't rain today.
오늘 비가 오지 않았으면 좋겠어요.

They didn't provide lunch.
그들은 점심을 제공하지 않아요.

The presentation lasted too long. Three hours!
발표는 너무 오랫동안 지속됐어요. 세 시간이나!

I needed to leave early. Anyone want to come with?
난 빨리 떠날 필요가 있었어요. 같이 가고 싶은 사람 있어요?

I promised to arrive early. And I did!
난 일찍 도착하겠다고 약속했고 그렇게 했어요!

The donuts were eaten quickly. I didn't get any.
도넛은 빨리 없어졌어요. 난 하나도 못 먹었죠.

Production costs were mainly discussed. How boring.
생산 비용에 대해 주로 토론되었어요. 정말 지루한 일이죠.

My coworker fell asleep! I can't believe this!
내 직장동료는 잠이 들었어요! 믿을 수 없어요!.

PART 5
Leisure & **Entertainment**

MOVIES 영화 | **TRAVEL** 여행 | **SHOPPING** 쇼핑
BOOKSTORE 서점 | **RADIO** 라디오 | **TELEPHONE** 전화
MUSEUM 박물관 | **MUSIC** 음악 | **PARTY** 파티 | **CLUB** 클럽

My favorite ~

STEP 1 백선엽의 SNS English 읽어 보기

My favorite movie is "The Wizard of Oz". Did you see that movie? That's a great movie. It was fantastic from start to finish. I watched the movie several times.

제가 가장 좋아하는 영화는 〈오즈의 마법사〉예요. 그 영화 봤어요? 굉장히 재미있어요. 처음부터 끝까지 아주 환상적이었죠. 나는 그 영화를 여러 번 봤어요.

STEP 2 메인 패턴 살펴 보기

My favorite movie is "The Wizard of Oz".

제가 가장 좋아하는 영화는 〈오즈의 마법사〉예요.

●●● 일반적인 상황에서는 I like ~라고 말하지만, 내가 가장 좋아하는 것이므로 My favorite ~패턴을 써서 말합니다. 어순을 바꿔서 좋아하는 것을 먼저 말해도 좋습니다. Spring is my favorite season.(봄은 제가 제일 좋아하는 계절이에요.), Green is my favorite color.(초록색은 내가 가장 좋아하는 색입니다.)

STEP 3 패턴을 활용해서 주제와 관련한 댓글 달기

My favorite comedy is "Dumb and Dumber".

내가 가장 좋아하는 코미디는 〈덤 앤 더머〉예요.

▶ comedy는 [카머디]라고 발음한다.

My favorite musical is "Singin' in the Rain".

내가 가장 좋아하는 뮤지컬은 〈싱잉 인 더 레인〉이에요.

▶ musical comedy를 줄여서 그냥 '뮤지컬' 이라고 한다.

My favorite foreign film is "Breathless".

내가 가장 좋아하는 외국영화는 〈Breathless〉입니다.

▶ 외화를 foreign film이라고 한다.

My favorite movie star is Al Pacino.

내가 가장 좋아하는 영화배우는 알 파치노입니다.

▶ Al Pacino is my favorite movie star.라고 해도 의미가 같다.

MY REPLY | 내 댓글 달아 보기

PATTERN 042 | 우리는 ~을 데리고/가지고/타고 갔어요.

We took ~

STEP 1 백선엽의 SNS English 읽어 보기

We took a short weekend trip. We went hiking in the park. It has many hiking trails. Everyone should go! I was so relaxed the whole time.

우리는 짧은 주말여행을 다녀왔어요. 우리는 공원으로 하이킹을 갔어요. 많은 길이 있었어요. 모두 가봐야 해요! 난 그 시간 내내 정말 편히 쉬었어요.

STEP 2 메인 패턴 살펴 보기

We took a short weekend trip.

우리는 짧은 주말여행을 다녀왔어요.

●●● 여기서의 take는 '~을 취하다' 는 의미입니다. take 뒤에 오는 명사에 따라서 의미가 조금씩 달라지는데요, take 다음에 사람이 오면 '~을 데리고 가다', 물건이 오면 '~을 가지고 가다', 교통수단이 오면 '~을 타고 가다' 라는 의미가 됩니다.

STEP 3 패턴을 활용해서 주제와 관련한 댓글 달기

We took four suitcases.
우리는 가방 네 개를 가져갔어요.
▶ 여행용 가방을 suitcase라고 한다.

We took a ferry to the island.
우리는 그 섬까지 페리를 탔어요.
▶ 홍콩에 가면 홍콩 섬까지 페리를 탈 수 있다.

We took our sister to France.
우린 여동생을 프랑스까지 데리고 갔어요.
▶ '~을 어디로 데리고 가다, 태우고 가다'는 〈take+목적어+to+명사〉로 표현할 수 있다.

We took extra batteries for the camera.
우린 카메라에 필요한 여분의 배터리를 가지고 갔어요.
▶ extra는 [엑스츄롸], battery는 [배러리]라고 발음한다.

MY REPLY | 내 댓글 달아 보기

PATTERN 043 | ~는 얼마예요?

How much is(are) ~?

STEP 1 백선엽의 SNS English 읽어 보기

How much is that car? I would really like to get a new one. Mine has so many miles on it. I'm afraid it is going to stop running one of these days.

저 차 얼마죠? 전 새 차를 너무 사고 싶습니다. 제 차는 킬로수가 장난이 아니거든요. 갑자기 스톱할까봐 걱정이 됩니다.

STEP 2 메인 패턴 살펴 보기

How much is that car?

저 차 얼마죠?

● ● ● 물건의 가격이나 양을 물을 때 How much are ~를 쓸 수 있는데 쇼핑이나 여행을 할 때 알아두면 아주 유용한 패턴입니다. How much is the room charge?(객실 요금이 어떻게 되죠?) How much is it altogether?(다 합하면 얼마예요?)

STEP 3 패턴을 활용해서 주제와 관련한 댓글 달기

How much are those blue shoes?

저기 파란 신발은 얼마죠?

▶ 신발은 두 짝이므로 shoes라고 복수를 쓴다

How much is the pearl necklace?

그 진주 목걸이는 얼마예요?

▶ pearl necklace는 진주목걸이.

How much is a set of new tires?

타이어 세트는 얼마죠?

▶ 타이어는 보통 한 짝보다는 한 세트로 사기 때문에 ~ a set of new tires로 쓴다.

How much are you willing to pay for that?

얼마를 내실 수 있는지요?

▶ be willing to ~는 '기꺼이 ~하다' 라는 표현이다.

MY REPLY | 내 댓글 달아 보기

PATTERN 044 | 난 ~을 골랐어요.

I picked up ~

STEP 1 백선엽의 SNS English 읽어 보기

I bought six children's books. I got one about animals and some about space. And I got one for me. I picked up a new novel at the bookstore.

난 아이들 책 6권을 샀어요. 동물들에 관한 것과 우주에 관한 것을 샀죠. 그리고 내 것도 하나 샀어요. 난 서점에서 새로운 소설을 골랐어요.

STEP 2 메인 패턴 살펴 보기

I picked up a new novel at the bookstore.

난 서점에서 새로운 소설을 골랐어요.

● ● ● 여기서 pick up은 choose(고르다)의 의미입니다. 보통은 pick up을 '누구를 태우다'로 많이 알고 있지만 '남자를 한 명 고르다' 혹은 '서점에서 책을 고르다'라고 할 때도 pick up을 씁니다.

BOOKSTORE
서점

STEP 3 **패턴을 활용해서 주제와 관련한 댓글 달기**

I picked up the latest James Patterson thriller.

나는 James Patterson의 최근 스릴러물을 골랐어요.

▶ the latest는 '최근'

I picked up three new biographies.

나는 새로 나온 자서전 세 권을 골랐어요.

▶ biography는 '전기, 일대기' 라는 뜻으로, bio(=life)+graph(=write)+y(접미사)가 합쳐진 단어이다.

I picked up a set of children's books.

난 아이들 책 시리즈를 골랐어요.

▶ a set of는 우리말의 '시리즈' 또는 '세트' 이다.

I picked up a Nigella Lawson cookbook.

나는 Nigella Lawson의 요리책을 골랐어요.

▶ 요리책은 cooking book이 아니라 간단히 cookbook이라고 한다.

MY REPLY | 내 댓글 달아 보기

PATTERN 045 | ~하는 방법을 알아요?

Do you know how ~?

STEP 1 백선엽의 SNS English 읽어 보기

Do you know how to set the stations? The AM station never comes in during a storm. And does anyone know if the baseball game is on the radio?

라디오 주파수 어떻게 맞추는 줄 알아요? 태풍 때는 AM방송이 절대 안 잡혀요. 라디오에서 야구 중계방송 하는지 아는 사람 있어요?

STEP 2 메인 패턴 살펴 보기

Do you know how to set the stations?

라디오 주파수 어떻게 맞추는 줄 알아요?

●●● 〈Do you know how to + 부정사〉는 음식 조리법이나 기기의 작동 방법 등을 물을 때 사용합니다. 다양한 용도로 쓸 수 있는 유용한 패턴이므로 꼭 알아두세요. Do you know how to cook Bulgogi?(불고기 만드는 법을 아세요?), Do you know how to get there by bus?(그곳에 버스로 가는 방법을 아세요?) 등과 같이 활용할 수 있습니다.

RADIO
라디오

STEP 3 패턴을 활용해서 주제와 관련한 댓글 달기

Do you know how to pick up a better signal?
주파수를 더 잘 잡는 방법을 알아요?
▶ pick up은 위와 같이 '주파수나 신호를 잡다' 라고 할 때도 쓴다.

Do you know how to get a job working for a radio station?
라디오 방송국에 취직하는 방법을 알아요?
▶ 직장을 잡는 것을 get a job이라고 한다.

Do you know how I can install this radio in my car?
이 라디오를 내 차에 어떻게 설치하는지 알아요?
▶ '(기기 등을) 장치(설치)하다' 라고 할 때 install을 쓴다.

Do you know how this works?
이거 어떻게 작동하는지 알아요?
▶ Do you know how to work this?와 같은 표현이다.

MY REPLY | 내 댓글 달아 보기

PATTERN 046 | 전화주세요.

Please call me ~

STEP 1 백선엽의 SNS English 읽어 보기

Please call me tomorrow. Early in the morning, if possible. I had to return my dad's call today. I'm missing so many calls lately!

내일 전화주세요. 가능하다면 아침 일찍이요. 난 오늘 아빠한테 전화를 드렸어야 했거든요. 난 최근에 전화를 너무 못 받는다니까요!

STEP 2 메인 패턴 살펴 보기

Please call me **tomorrow.**

내일 전화해주세요.

●●● 아주 간단한 패턴이죠? 전화를 부탁한다고 할 때 쓰는 패턴으로, 뒤에는 주로 시간을 나타내는 표현이 따라옵니다. Please call me at 6401-2233.(6401-2233으로 전화주세요.), Please call me when you see her.(그녀를 보거든 전화주세요.)

STEP 3 패턴을 활용해서 주제와 관련한 댓글 달기

Please call me in the evening.

저녁에 제게 전화 부탁합니다.

▶ 오후에는 in the afternoon

Please call me before one o'clock.

1시 전에 제게 전화 좀 해주세요.

▶ before, after만 잘 사용해도 영어 잘한다는 소리를 듣는다.

Please call me after three.

3시 이후에 제게 전화 좀 부탁합니다.

Please call me sometime next week.

다음 주중에 제게 전화를 좀 해주세요.

▶ 그다지 마음에도 없으면서 습관처럼 하는 말인 '우리 언제 밥이나 한번 먹자' 에서의 sometime을 믿지 말자!

MY REPLY | 내 댓글 달아 보기

PATTERN 047 | ~을 한번 생각해 볼게요.

I will consider ~

STEP 1 백선엽의 SNS English 읽어 보기

Have you ever been to the art museum exhibit. This museum features contemporary arts. I went there yesterday. I will consider returning to the art museum again.

그 미술관 전시회에 가봤어요? 이 미술관에는 현대미술 작품이 전시돼 있어요. 난 어제 거기 다녀왔어요. 그 미술관에 다시 갈까 생각해 보려구요.

STEP 2 메인 패턴 살펴 보기

I will consider returning to the art museum again.

그 미술관에 다시 갈까 생각해 보려구요.

••• consider는 감정 등을 '고려하다' 라는 의미의 단어인데 무언가에 대해 더 생각할 시간이 필요하거나 차후에 생각해 보겠다고 말할 때 쓰는 패턴이 I will consider ~입니다. 부정문은 I won't consider ~로 '생각해보지 않겠다' 라는 의미입니다. I will consider it.(한번 생각해 볼게요.) I won't even consider it.(나는 그것을 고려조차 하지 않겠어요.)

STEP 3 패턴을 활용해서 주제와 관련한 댓글 달기

I will consider seeing the Van Gogh exhibit.
반 고흐전 관람을 한번 생각해 볼게요.
▶ Van Gogh exhibit 반 고흐 전시회.

I will consider going to the art museum on Tuesday.
난 화요일에 미술관에 갈까 생각 중입니다.
▶ art museum은 미술관을 의미.

I will consider whether I can afford this poster.
이 포스터를 살 수 있을지 생각해 볼게요.
▶ can afford는 '~을 살만한 돈의 여력이 있다'는 의미이다.

I will consider making a donations to the museum.
나는 박물관에 기부를 하려고 생각 중입니다.
▶ making a donations는 '기부를 하다'는 의미.

MY REPLY | 내 댓글 달아 보기

PATTERN 048 | 내가 ~라면 미안해요.

Sorry if I ~

STEP 1 백선엽의 SNS English 읽어 보기

Hi Bill. I wanted to apologize about our concert. Sorry if I was out of tune. I've had a cold all week and my throat is still sore.

빌. 우리 콘서트에 대해서 사과하고 싶었어. 내가 음을 놓쳤다면 미안해. 난 한 주 내내 감기에 걸렸었고 지금도 목이 아파.

STEP 2 메인 패턴 살펴 보기

Sorry if I **was out of tune.**

내가 음을 놓쳤다면 미안해.

●●● 맨 앞에 I am이라는 문장이 생략되어 있습니다. 본의 아니게 잘못을 했을 때 사과하는 패턴입니다. I'm sorry if I offended you.(기분을 상하게 했다면 죄송합니다.), I'm sorry if I upset you.(제가 불쾌하게 했다면 죄송합니다.)

STEP 3 패턴을 활용해서 주제와 관련한 댓글 달기

Sorry if I didn't have the words memorized.
내가 가사를 못 외웠었다면 미안해요.
▶ the words는 가사를 의미한다.

Sorry if I didn't play the right chord.
바른 코드를 연주하지 못했다면 미안해요.
▶ chord는 '코드'.

Sorry if I forgot to record that one!
저 것을 녹음하는 걸 까먹었다면 미안해요.
▶ 여기서 record는 동사로 쓰였으므로 레코드가 아니라 [리코드]라고 발음한다.

Sorry if I took the sheet music home.
그 악보를 집에 가져갔다면 미안해요.
▶ the sheet는 '음악 연주용 악보' 이다.

MY REPLY | 내 댓글 달아 보기

PATTERN 049 | ~할 준비가 됐나요?

Are you ready to(for) ~?

STEP 1 백선엽의 SNS English 읽어 보기

I love all these people. Are you ready to have a good time? The music is blasting. Let's go buy another keg of beer.

난 이 모든 사람들을 좋아해요. 즐거운 시간 보낼 준비 됐어요? 음악이 정말 좋아요. 맥주 더 시켜요.

STEP 2 메인 패턴 살펴 보기

Are you ready to have a good time?

즐거운 시간 보낼 준비 됐어요?

● ● ● ready는 어떤 일이 벌어지거나 어떤 동작이 행해질 '준비가 되어 있는' 상태를 말합니다. 뒤에는 to 또는 for가 올 수 있습니다. Are you ready for your speech?(연설할 준비가 다 되었나요?), Are you ready to order now?(주문하시겠습니까?)

PARTY
파티

STEP 3 패턴을 활용해서 주제와 관련한 댓글 달기

Are you ready to sing?
노래할 준비 되었나요?

▶ 아직 준비가 안 됐을 때는 Not quite.라고 대답한다.

Are you ready for your twenty-first birthday?
너의 21번째 생일 준비됐어?

▶ 미국에서는 성인이 되는 나이인 21번째 생일이 매우 중요한 날이다.

Are you ready for this surprise party?
이 서프라이즈 파티 준비됐어?

▶ surprise party는 몰래 준비해서 깜짝 놀라게 해주는 파티이다.

Are you ready to go out?
외출할 준비가 됐나요?

▶ go out은 '외출하다' 는 뜻.

MY REPLY | 내 댓글 달아 보기

PATTERN 050 | 그건 너무 ~했어요.

It was too ~

STEP 1 백선엽의 SNS English 읽어 보기

Last night was fun. I loved the music and dancing. Great! The atmosphere was wonderful, but it was too loud to hear anything.

어젯밤은 재미있었어요. 난 음악과 춤을 좋아해요. 좋았어요! 분위기는 좋았지만 소리가 너무 커서 아무것도 안 들렸어요.

STEP 2 메인 패턴 살펴 보기

It was too loud to hear anything.

하지만 소리가 너무 커서 아무것도 안 들렸어요.

●●● 우리는 too가 등장하면 꼭 뒤에 to가 와서 too ~ to로만 생각하는데 too 하나만으로도 충분히 유용한 패턴이 됩니다. 부정문은 It wasn't too ~로 '~하지 않았다', 즉 '나쁘지 않았다'는 뜻이 됩니다. I heard it wasn't too bad.(그렇게 나쁘지 않다고 들었어요.)

STEP 3 패턴을 활용해서 주제와 관련한 댓글 달기

It was too crowded on the dance floor.

춤 추는 곳은 너무 사람이 많았어요.

▶ dance floor는 댄스 플로워 즉, 춤 추는 곳이다.

It was too smoky for my liking.

내가 좋아하기에는 너무 담배연기가 자욱했어요.

▶ for my liking은 자주 볼 수 없는 영어권 표현으로 '내가 좋아하기에는'의 의미다.

It was too stereotypical.

너무 정형화된 곳이었어요.

▶ stereotypical은 '너무 정형화되고 고정화된 평범한 옛 스타일'이라는 의미이다.

It was too hot in the bar.

바는 너무 더웠어요.

▶ bar는 술집, snack bar는 술을 팔지 않는 간이음식점이다.

MY REPLY | 내 댓글 달아 보기

MORE EXPRESSIONS

We went to the theater tonight. I recommend the movie.
우리는 오늘밤 영화관에 다녀왔어요. 그 영화 강추합니다.

I ate popcorn during the movie.
난 영화 보면서 팝콘을 먹었어요.

My favorite actor is George Clooney. Anyone like him?
내가 가장 좋아하는 배우는 George Clooney랍니다. 그를 좋아하는 사람 있어요?

"Gone with the Wind" was a terrific movie.
〈바람과 함께 사라지다〉는 환상적인 영화였어요,

It took us an hour to drive to the show.
쇼에 도착할 때까지 한 시간이나 걸렸어요.

R-rated movies are too intense for me.
R등급의 영화는 나에게 너무 격렬해요.

I like good old western movies. Anyone have recommendations?
난 오래된 서부 영화를 좋아해요. 추천해줄 사람 있어요?

The ending was a surprise. I was so surprised!
결론은 반전이었어요. 난 정말 놀랐어요!

It took us an hour to drive to the show.
영화관까지 가는 데 한 시간이나 걸렸어요.

Let's take a trip to Europe.
유럽으로 여행 갑시다.

We took a taxi to the airport.
우리는 공항까지 택시를 탔어요.

We had marvellous weather on our trip.
여행 중에 날씨가 정말 좋았어요.

We are planning our yearly vacation. Recommendations?
우리는 연례 휴가를 계획 중이에요. 추천해 줄 만한 곳 있어요?

The hotel was accommodating. Great hospitality!
호텔은 편안했어요. 굉장한 환대를 받았죠!

The hotel had a large swimming pool. We swam all day!
호텔에는 큰 수영장이 있었어요. 우리는 하루 종일 수영했어요!

We made a campfire at the end of the trail.
우리는 하이킹 마지막에 캠프파이어를 만들었어요.

The resort had many restaurants.
그 리조트에는 많은 식당들이 있었어요.

I got a red blouse.
나는 빨간색 블라우스를 샀어요.

There is a sale at the grocery store today. Anyone going?
오늘 식료품점에서 세일을 해요. 갈 사람 있어요?

Every store in the mall was having a sale.
상점의 모든 가게는 세일 중이에요.

The mall was full of shoppers today.
그 쇼핑몰은 오늘 쇼핑하는 사람들로 꽉 찼어요.

I bought a new pair of jeans. A smaller size, too!
난 새로운 청바지를 샀어요. 더 작은 사이즈로 말이에요!

I guess I really got ripped-off.
나 바가지 쓴 것 같아요.

I had a hard time finding a place to park in the parking lot.
주차장에 주차할 공간을 찾기가 힘들었어요.

MORE EXPRESSIONS

Keep your receipt in case you need to return it.
환불할 수도 있으니까 영수증을 잘 챙겨두세요.

The mall parking lot was icy. Be careful, everyone!
그 쇼핑몰의 주차장은 바닥이 얼어있었어요. 다들 조심해요!

Magazines are a big seller. Anyone want to buy some?
잡지는 늘 잘 팔려요. 사고 싶은 사람 있어요?

Romance novels are in the front.
로맨스 소설은 앞쪽에 있어요.

I like the biographies section. They are great!
난 자서전 분야를 좋아해요. 그들은 대단하죠!

I need a pet grooming book.
난 애완견 손질하는 책이 필요해요.

The cookbook section is huge. I need a new one!
요리책 코너는 엄청 커요. 난 새로 나온 한 권을 사야겠어요!

Reference books don't sell very well.
참고서적은 잘 팔리지 않아요.

There is a discount table of books.
책 할인코너가 있어요.

Books are arranged alphabetically.
책들이 알파벳 순서로 정리되어 있어요.

Just pick a station and keep it there.
주파수를 선택한 다음에 꾸준히 들어.

I just heard my favorite song on the radio!
난 방금 전에 라디오에서 내가 가장 좋아하는 노래를 들었어요.

I wanted to program the radio with my favorite stations.
나는 내가 가장 좋아하는 주파수로 프로그램 해두고 싶었습니다.

Is the baseball game on the radio?
라디오에서 야구 중계하나요?

Can you believe there only used to be radios and not MP3 players?
라디오만 되고 MP3가 안 된다는 걸 믿을 수 있어요?

Where did you buy that stereo?
그 스테레오 어디서 샀어요?

This radio is made especially for my car.
이 라디오는 제 차에 딱이라니까요.

Do you know how to change the speaker balance?
스피커 밸런스를 어떻게 바꾸는지 알아요?

Please call me tomorrow. Early in the morning, please!
내일 전화 줘요. 이른 아침에 꼭!

Everybody has a cell phone. Who doesn't?
모두 휴대폰을 가지고 있어요. 누가 안 가지고 있겠어요?

We have one in every room.
우리는 방마다 전화가 있어요.

MORE EXPRESSIONS

You used to have to dial phones. Can you believe that?
전화할 때 다이얼을 돌려야 하곤 했어요. 믿어져요?

I need to turn up the ring volume.
난 벨소리를 크게 해야겠어요.

I missed your call last night. Sorry!
어젯밤에 전화를 못 받았어요. 미안해요!

I returned his call today.
난 오늘 그에게 답 전화했어요.

Did anyone get the name of the artist?
그 예술가 이름 가지고 있는 사람 있나요?

The exhibit looked very old.
그 전시회는 정말 오래되어 보였어요.

They charged a fee to get in.
그들은 입장료를 받았어요.

The book exhibit interested me. Did it you too?
그 책 전시회는 흥미로웠어요. 당신도 그랬어요?

No eating or drinking in the building?
건물에서는 음식을 먹는 것도 마시는 것도 금지되어 있어요?

The class took a field trip to the exhibit.
반에서 전시회로 현장학습을 갔어요.

I liked the dinosaur exhibit. How long's it going to be here?
난 공룡 전시회를 좋아했어요. 여기에 오려면 얼마나 걸릴까요?

Some exhibits were boring. I hate that!
어떤 전시회는 지루해요. 그런 건 싫어요!

We went to a concert last night. Fantastic!
난 어젯밤에 콘서트에 다녀왔어요. 환상적이었어요!

Soothing music puts me to sleep. I slept like a baby!
부드러운 음악은 나를 잠들게 해요. 난 아이처럼 잠을 잤어요!

The radio played jazz. It was great to wake up to!
라디오에선 재즈가 나왔어요. 일어날 때 좋았죠!

The theater had a full orchestra.
그 영화관은 오케스트라처럼 사운드가 장난이 아니에요.

The piano sounded out of tune. It should get fixed.
그 피아노는 음이 안 맞았어요. 고쳐야겠어요.

The guitar belonged to his father.
그 기타는 그의 아버지 것이에요.

The church choir is amazing.
그 교회의 성가대는 멋져요.

I prefer rock and roll.
난 록큰롤을 더 좋아해요.

It was a fabulous night!
환상적인 밤이었어요!

We played board games and ate ice cream. So much fun!
우리는 보드게임을 하고 아이스크림을 먹었어요. 정말 재미있었죠!

There was much dancing. My feet hurt!
춤을 너무 많이 췄어요! 발이 아파요!

I think they were too drunk to drive.
난 그들이 운전하기에는 너무 취했다고 생각해요.

MORE EXPRESSIONS

Their party cost them a week's salary.
그들의 파티는 일주일 치 봉급만큼의 비용이 들어요.

Everyone told us they had a wonderful time at the party.
모두가 파티에서 완벽한 시간을 보냈다고 했어요.

There was a fight in the front lawn!
앞뜰에서 싸움이 있었어요!

My mother would not allow me to go to that party.
우리 엄마는 내가 파티에 가는 걸 허락하지 않으실 거예요.

There were many celebrities. Did you see the pictures?
유명인사가 많았어요. 사진 봤어요?

The bouncers wouldn't let me in.
바운서(입구에서 지키는 덩치 좋은 가이드들)들은 날 절대로 들여보내지 않을 거예요.

I paid a big cover charge. It was huge!
난 어마어마한 입장료를 냈어요. 정말 비쌌다니까요!

They didn't allow you to wear hats.
그들은 당신이 모자를 쓰는 것을 허용하지 않았어요.

My friend wanted me to go with her.
내 친구는 내가 그녀와 함께 가주기를 원했어요.

The bartender asked for a tip. I didn't give him one!
그 바텐더는 팁을 요구했지요. 난 그에게 한 푼도 주지 않았어요!

The lights were flashing brightly! I feel blind!
빛은 밝게 빛나고 있었어요! 난 눈이 먼 느낌이에요!

PART 6
Food

BREAKFAST 아침 식사 | **STEAKHOUSE** 스테이크 전문점
FOOD ALLERGY 음식 알레르기 | **FAST FOOD** 패스트푸드
COFFEE SHOP 커피숍 | **ICE CREAM SHOP** 아이스크림 가게
PIZZA 피자 | **BAR** 바

PATTERN 051 | ~할까 해요.

I'm thinking about ~

STEP 1 백선엽의 SNS English 읽어 보기

Eggs and ham are my favorite. But I'm short on time. I'm thinking about mixing up some pancakes instead. Will that be faster?

계란과 햄은 내가 제일 좋아하는 거예요. 하지만 난 시간이 없어요. 난 대신 팬케이크를 먹을까 해요. 그게 빠르겠죠?

STEP 2 메인 패턴 살펴 보기

I'm thinking about **mixing up some pancakes instead.**

난 대신 팬케이크를 먹을까 해요.

●●● I'm thinking about ~은 어떤 행동을 하려고 생각할 때 뿐만 아니라 '뭘 먹을까 생각 중이다' 라고 할 때도 쓸 수 있는 패턴입니다. I'm thinking about moving out of my place.(이사갈까 생각 중입니다.), I'm thinking about changing my job.(직장을 옮길까 생각 중입니다.)

STEP 3 패턴을 활용해서 주제와 관련한 댓글 달기

I'm thinking about getting something this morning.
난 아침에 뭘 좀 먹을까 생각 중이에요.
▶ 막연하게 무언가를 가리킬 때 something을 쓴다.

I'm thinking about lunch already!
난 벌써 점심을 생각 중이에요.
▶ 여기서 보듯이 already를 문장 뒤에 놓을 수도 있다.

I'm thinking about waking up Mom.
엄마를 깨울까 생각 중이에요.
▶ 잠이 깨는 상태를 wake up, 침대에서 일어나는 것을 get up이라고 한다.

I'm thinking about some granola and yogurt.
난 시리얼과 요구르트를 먹을까 생각 중이에요.
▶ granola는 cereal의 종류 가운데 하나이다.

MY REPLY | 내 댓글 달아 보기

PATTERN 052 | ~라는 말을 들었어요.

I've heard that ~

STEP 1 백선엽의 SNS English 읽어 보기

That place is great. I've heard that the chef there is excellent. Let's eat there. And they make their own bread. So good!

그 식당은 정말 맛있어요. 난 거기의 주방장이 대단하다는 소릴 들었어요. 거기서 먹어요. 그리고 그들은 빵을 직접 만들어요. 맛있다니까요!

STEP 2 메인 패턴 살펴 보기

I've heard that the chef there is excellent.

난 거기의 주방장이 대단하다는 소릴 들었어요.

●●● 어떤 사람들은 I heard that ~이라고 해도 된다고 생각하지만 정확하게는 전부터 지금까지 들은 적이 있다는 경험을 나타내므로 I've heard that ~이라고 해야 합니다.

STEP 3 패턴을 활용해서 주제와 관련한 댓글 달기

I've heard that ordering a steak well-done kills the flavor.

난 스테이크를 웰던으로 시키면 육즙이 다 없어진다고 들었어요.

▶ flavor는 '맛, 풍미', flavor enhancer은 '화학 조미료'.

I've heard that this restaurant is expensive.

이 식당은 비싸다고 들었어요.

▶ expensive(비싼)의 반대 의미로는 inexpensive, cheap 등이 있다.

I've heard that everyone likes this place.

다들 여기를 좋아한다고 들었어요.

▶ this place는 this restaurant이다.

I've heard that the desserts are delicious.

디저트가 아주 맛있다고 들었어요.

▶ dessert service는 '디저트용 접시', dessert wine는 '디저트용 달콤한 포도주'를 말한다.

MY REPLY | 내 댓글 달아 보기

PATTERN 053 | ~인 것 같아요.

I think I'm getting ~

STEP 1 백선엽의 SNS English 읽어 보기

My throat feels scratchy, I think I'm getting a cold. Seafood can make my throat swell shut, and I didn't eat any yesterday. Our department is having a get-together this Friday. I hope it ends soon!

목이 따끔거려요. 감기가 오려나 봐요. 해산물은 내 목이 부어서 막히도록 만들 수 있어요. 그래서 난 어제 아무것도 먹지 않았어요. 이번 주 금요일에 부서 회식이 있는데, 빨리 나았으면 좋겠어요!

STEP 2 메인 패턴 살펴 보기

I think I'm getting a cold.

감기가 오려나 봐요.

●●● 확실한 것은 아니지만 그런 것 같다고 생각할 때 쓰는 패턴이 I think I'm getting ~입니다. '~일 것 같다, ~할 것 같다'는 뜻으로 자신의 생각을 얘기할 때 누구나 일반적으로 많이 쓰는 표현이니만큼 알아두면 좋습니다. I think I'm getting better and better in English.(영어에 점점 익숙해지는 것 같아요.), I think I'm getting drunk.(점점 취하는 것 같아요.)

STEP 3 패턴을 활용해서 주제와 관련한 댓글 달기

I think I'm getting hives!

난 두드러기가 나는 것 같아요.

▶ hives은 두드러기.

I think I'm getting a swollen tongue.

난 혀가 부은 것 같아요.

▶ a swollen tongue은 '혀가 붓다' 라는 뜻이다.

I think I'm getting sensitive to shellfish.

난 조개류에 민감한 것 같아요.

▶ sensitive는 '민감한', sense는 '감지하다', sensibility는 '감각', sensible '분별 있는' 의 의미이다.

I think I'm getting allergic to honey.

난 벌꿀 알레르기가 있는 것 같아요.

▶ allergy는 '알레르기', allergic는 '알레르기의'.

MY REPLY | 내 댓글 달아 보기

PATTERN 054 | ~는 어때요?

How about ~?

STEP 1 백선엽의 SNS English 읽어 보기

How about we pick up some fried chicken? Did you like where we ate? They serve over a thousand chickens every day. And, this is the fastest service in town. I love it!

프라이드 치킨을 좀 사는 게 어때요? 우리가 지난번 먹었던 곳 맘에 들었나요? 그 가게는 하루에 천 개 이상의 치킨을 팔아요. 그리고 이 동네에서 가장 빠르게 서비스를 제공해요. 난 그곳이 정말 좋아요!

STEP 2 메인 패턴 살펴 보기

How about we pick up some fried chicken?

프라이드 치킨을 좀 사는 게 어때요?

● ● ● How about ~?는 상대방에게 어떤 의견이나 방법 등을 제안할 때 쓰는 패턴으로 '~하는 게 어때?' 라는 의미입니다. 비슷하게 쓰이는 패턴으로는 What about ~?이 있습니다.

STEP 3

패턴을 활용해서 주제와 관련한 댓글 달기

How about you get something on the way to work?

출근길에 뭘 좀 사는 것이 어때요?

▶ on the way to ~는 '~하러 가는 길에' 라는 뜻이다.

How about we each pay separately?

각자 따로 계산하는 게 어때요?

▶ pay separately는 각자 지불한다는 뜻의 dutch pay다.

How about I only order a single hamburger?

내가 햄버거 하나만 사는 건 어때요?

▶ single는 '단 하나의', unique는 '단 한 개의' 라는 뜻이다.

How about another cup of coffee?

커피 한 잔 더 어떻습니까?

▶ a cup of coffee은 '커피 한 잔', another cup of coffee은 '커피 한 잔 더' 가 된다.

MY REPLY | 내 댓글 달아 보기

PATTERN 055 | 내 생각에는 ~가 나은 것 같아요.

I think I like ~

STEP 1 백선엽의 SNS English 읽어 보기

How do you like your coffee, strong or weak? I think I like my coffee strong. Let's start off with some coffee, shall we?

진한 커피와 연한 커피 중 어떤 커피를 좋아하세요? 내 생각에는 진한 커피가 나은 것 같아요. 우리, 커피 한잔 하고 시작하면 어때요?

STEP 2 메인 패턴 살펴 보기

I think I like my coffee strong.

내생각에는 진한 커피가 나은 것 같아요.

● ● ● 자신의 의견을 상대방에게 조심스럽게 말할 때 I think ~를 씁니다. 뒤에 I like가 붙으면 '내 생각엔 ~이 좋을 듯한데' 라는 뜻이 됩니다. I guess I like ~도 같은 의미의 패턴인데 I think보다 더 실용적으로 젊은 사람들이 즐겨 씁니다. 그리고 커피가 진할 때는 strong, 연할 때는 weak를 씁니다.

STEP 3 패턴을 활용해서 주제와 관련한 댓글 달기

I think I like mochas.

난 모카를 더 좋아하는 것 같아요.

▶ 모카 커피(mocha coffee)를 줄여서 간단하게 mocha라고도 한다.

I think I like to study over a cup of tea.

난 차 한 잔을 마시면서 공부하는 걸 좋아하는 것 같아요.

▶ 여기서 over는 '~하면서' 의 뜻이다.

I think I like the quiet corner for reading.

난 조용한 구석에서 책 읽는 것을 좋아하는 것 같아요.

▶ quiet corner는 책을 읽거나 조용히 얘기하기 좋은 장소를 말한다.

I think I like the way they make their iced drinks.

난 그 사람들이 얼음이 든 음료를 만드는 방법이 흥미로운 것 같아요.

MY REPLY | 내 댓글 달아 보기

PATTERN 056 | 누구 ~해본 사람 있나요?

Has anyone been to ~?

STEP 1 백선엽의 SNS English 읽어 보기

Has anyone been to that place? I went to the shop yesterday. Summertime is their busy season, and I had to wait quite a long time. Can't wait until winter! Then the lines won't be this long. I hate waiting!

그 가게에 가본 사람 있어요? 어제 그 가게에 갔어요. 여름이 그들이 제일 바쁜 계절이어서 꽤 오래 기다려야 했어요. 겨울이 빨리 왔으면 좋겠어요! 그러면 줄이 이렇게 길지는 않을 텐데. 난 기다리는 거 정말 싫다니까요!

STEP 2 메인 패턴 살펴 보기

Has anyone been to that place?

그 가게에 와본 사람 있어요?

● ● ● have(has) been to가 들어가므로 '~에 가본 적이 있는가?'를 물어보는 패턴입니다. 물론 anyone이 들어가 있으므로 have가 아니라 has가 됩니다. have(has) been to 다음에는 동사나 장소를 나타내는 명사를 씁니다.

STEP 3 패턴을 활용해서 주제와 관련한 댓글 달기

Has anyone been to the store that just opened?
방금 문을 연 새로운 그 가게에 가본 사람 있나요?
▶ just opened라고 했으므로 '지금 막 새로 문을 연' 의 의미가 된다.

Has anyone been to the old Dairy Queen lately?
최근에 Daily Queen 아이스크림 가게에 가 본 사람 있나요?
▶ Dairy Queen는 미국의 유명한 아이스크림 프랜차이즈다.

Has anyone been to get popsicles?
막대 얼음과자 먹으러 간 사람 있나요?
▶ popsicles는 막대가 달린 얼음과자를 말한다.

Has anyone been to the Baskin Robins 31?
배스킨라빈스에 간 사람 있나요?
▶ 31가지 flavors(맛)이 있다는 슬로건으로 유명한 배스킨라빈스 31.

MY REPLY | 내 댓글 달아 보기

PATTERN 057 | ~하고 싶지 않아요.

I don't feel like ~

STEP 1 백선엽의 SNS English 읽어 보기

I'd like to know the number for the Cap pizza. I don't feel like any meat on my pizza today. They have vegetarian pizzas. The veggies are fresh, too.

캡피자 전화번호를 알고 싶어요. 난 오늘 피자에 어떠한 고기도 토핑으로 얹고 싶지 않아요. 그 가게에는 야채 피자가 있어요. 야채도 싱싱해요.

STEP 2 메인 패턴 살펴 보기

I don't feel like **any meat on my pizza today.**

난 오늘 피자에 어떠한 고기도 토핑으로 얹고 싶지 않아요.

●●● 어떤 것을 하고 싶은 마음이 일시적으로 들지 않을 때 쓸 수 있는 패턴입니다. 흥도 안 나고 맘도 동하지 않아 축 처져 있는 상태를 나타내기도 하고, 뭔가를 마시거나 먹고 싶지 않다고 할 때도 요긴하게 쓸 수 있습니다.

STEP 3 패턴을 활용해서 주제와 관련한 댓글 달기

I don't feel like getting carry-out.
포장 음식을 먹고 싶지 않아요.

▶ carry-out = take out = take away

I don't feel like thin crust.
난 얇은 크러스트를 좋아하지 않아요.

▶ 얇은 피자를 thin crust, 반대는 thick crust라고 한다.

I don't feel like making dough from scratch.
반죽을 처음부터 만들고 싶지 않아요.

▶ from scratch는 무에서 새로 시작하는 것을 말한다.

I don't feel like having anything today.
오늘은 입맛이 없어요.

▶ 여기서 have는 eat의 의미이다.

MY REPLY | 내 댓글 달아 보기

PATTERN 058 | 그게 바로 ~입니다.

That's what ~

STEP 1 백선엽의 SNS English 읽어 보기

What kind of whiskey do they serve here? That's what I need. Do you have a stiff drink. It's been an awful week at work. I'm so stressed out.

여긴 어떤 위스키가 있죠? 독한 술이 있나요? 그게 제가 원하는 겁니다. 회사에서 너무 힘든 한 주였어요. 스트래스 만빵입니다.

STEP 2 메인 패턴 살펴 보기

That's what I need.

그게 제가 원하는 겁니다.

● ● ● That's what ~패턴은 관용적으로 굳어져서 쓰이는 표현이 많아서 〈STEP 3〉의 예문들을 통째로 외워두는 것이 좋은 방법입니다. 특히 어떤 사실을 거듭 확인해 줄 때 많이 쓸 수 있는 패턴입니다.

STEP 3 패턴을 활용해서 주제와 관련한 댓글 달기

That's what I was telling my friend yesterday!
그게 바로 내가 어제 내 친구에게 말했던 거야.

▶ tell(알리다), inform은 tell보다 격식을 차린 말, report는 '조사한 것을 남에게 알리다' 란 의미가 있다.

That's what everyone wanted to drink.
그게 바로 다들 마시고 싶어했던 음료수야.

▶ 술이나 음료 등 액체를 마실 때 drink를 쓴다.

That's what I did on the dance floor.
그게 바로 댄스플로어에서 했던 거야.

▶ dance floor는 다른 말로 dance stage라고도 한다.

That's what I ordered.
그게 바로 내가 주문했던 거예요.

▶ order는 '순서, 차례' 의 의미이다.

MY REPLY | 내 댓글 달아 보기

MORE EXPRESSIONS

I'm thinking about eggs.
난 계란을 먹을까 해요.

I sometimes cut up a banana and eat it with my corn flakes.
난 가끔 바나나를 잘라서 콘플레이크 시리얼과 함께 먹어요.

I'm thinking about mixing up some pancakes.
난 팬케이크를 먹을 생각 중이에요.

I only like homemade waffles. They are much better.
난 집에서 만든 와플만 좋아해요.. 그것들이 훨씬 낫거든요.

I'm heating up some breakfast sausages.
난 아침에 먹을 소시지를 데우고 있어요.

Strawberry jelly is good on toast. Anyone agree?
딸기 젤리는 토스트와 잘 어울려요. 그렇죠?

Eggs and ham are my favorite.
계란과 햄은 내가 제일 좋아하는 거예요.

Mom made pancakes on Sunday.
엄마가 일요일에 팬케이크를 만들었어요.

The maple syrup was warm. It was so good!
그 메이플 시럽은 따뜻했어요. 정말 맛있었어요!

Bacon cooking smells good.
베이컨 요리는 냄새가 좋아요.

I've heard that Korean beef is excellent.
난 한우가 최고라고 들었어요.

The waitress was helpful. Don't you agree?
그 웨이트리스는 도움이 됐어요. 안 그래요?

They have baked potatoes. Delicious!
그들에겐 구운 감자가 있었지요. 맛있었어요!

The cheesecake dessert is fresh.
치즈 케이크 디저트는 매우 신선해요.

You have to make reservations ahead of time.
미리 예약을 해야 해요.

It is very expensive. Anyone know how much?
그건 매우 비싸요. 누구 가격 아는 사람 있어요?

It's a special place to go.
그곳은 특별하게 갈 때 좋아요.

The wine list is good. Recommendations?
와인 리스트가 아주 좋네요. 추천해 줄래요?

They make their own bread.
그들은 빵을 직접 만들어요.

The chef is world famous.
그 주방장은 아주 유명한 분이에요.

I think I'm getting new food allergies.
난 새로운 음식에 대해 알레르기가 있는 것 같아요.

Peanuts make me wheeze. That's not good!
땅콩은 내가 숨쉬기 힘들게 만들어요. 좋지 않아요!

The rash could be caused from food.
그 발진은 음식으로부터 왔어요.

I take medication for my allergies.
난 알레르기 때문에 약을 먹어요.

MORE EXPRESSIONS

Children must be very careful.
아이들은 항상 조심해야 해요.

It can be very dangerous to eat those nuts!
그 너트류를 먹는 것은 위험해요!

Milk products make me nauseous. You too?
유제품은 내가 구토증세가 있게 만들어요. 당신도 그래요?

I'm very limited as to what I can eat.
난 내가 먹을 수 있는 것에 아주 제한적이에요.

The school needs to be notified of the students allergies.
그 학교는 학생들의 알레르기에 대해 알 필요가 있어요.

He went to the hospital after eating the wrong food.
그는 안 좋은 음식(변질된 음식)을 먹고 병원에 갔어요.

I couldn't eat another taco.
난 타코 하나 더 못 먹겠어요.

We ordered everything with extra ketchup.
모든 음식에 캐첩을 추가로 시켰어요.

Do you like the French fries here?
여기에 감자튀김 원하세요?

This is the fastest service in town.
여기가 이 지역에서 가장 빠른 서비스를 제공하는 곳이에요.

Their kitchen is spotless.
그 식당은 티끌 하나 없이 깨끗해요.

They cook everything to order.
그곳은 주문받은 대로 요리해 줘요.

I can't imagine eating at that other restaurant.
다른 음식점에서 먹는 것은 상상 할 수도 없어요.

How many of these places are there in town?
그 동네에 이와 같은 곳이 몇 개나 더 있나요?

I don't think they serve breakfast any more.
내 생각에 그 가게는 아침 메뉴를 더 이상 하지 않는 것 같아요.

They serve over a thousand burgers every day.
그 가게는 하루에 천 개가 넘는 햄버거를 팔아요.

How about we go through the drive-up window?
차를 탄 채로 서비스를 받을 수 있는 창구로 가는 게 어때요?

I'm at the Java House.
나는 지금 자바 하우스 커피숍에 있어요.

I prefer my cup of coffee hot, strong, and bitter.
난 진하고 쓴 뜨거운 커피를 좋아해요.

Do you take sugar?
설탕 넣으세요?

I don't have a reusable mug.
난 재사용이 가능한 머그잔이 없어요.

They serve single-drip coffee here.
여기서 드립 커피를 한 잔씩 팔아요.

This is a locally owned shop.
이 가게는 이 지역에만 있는 가게입니다.

You can buy biscotti at the counter.
계산대에서 비스카티를 살 수 있어요.

MORE EXPRESSIONS

My parents stop here on the way to work every morning.
우리 부모님은 매일 아침 출근하면서 이곳에 들러요.

I'm going to apply for a job here.
난 여기에서 일자리를 찾아보려고 해요.

This place will really wake you up in the morning!
이 집에서 살면 아침에 잘 일어날 수 있겠는데!

Has anyone been to the new custard shop?
새로 생긴 커스타드 가게에 가본 사람 있나요?

Chocolate sprinkles are a popular topping.
초콜릿 스프링클은 유명한 토핑이에요.

Banana splits are a big seller. I got one!
바나나 스플릿은 인기가 많아요. 나도 하나 먹었어요!

Ice cream cones are a favorite. Do you like them?
아이스크림콘은 내가 가장 좋아하는 거예요. 당신도 좋아해요?

Baskin Robins offer 31 different flavors.
배스킨라빈스는 31가지의 다른 맛을 가지고 있어요.

Strawberries are my favorite topping.
딸기는 내가 가장 좋아하는 토핑이에요.

There are places to sit down and enjoy your treat.
앉아서 먹고 즐길 수 있는 장소가 있어요.

The girls at the counter are very pleasant.
계산대의 여자애들은 매우 친절해요.

Hot fudge sundaes are yummy.
핫 퍼지 초콜릿 아이스크림은 정말 맛있어요.

They specialize in homemade milk shakes.
그들은 집에서 만든 밀크셰이크를 전문으로 해요.

I love New York style pizza!
뉴욕 스타일 피자가 좋아요!

Sometimes they call it pie.
가끔 사람들은 피자를 파이라고 부르기도 해요.

I would love to try every pizza joint in town.
그 동네에 있는 모든 피자 가게에서 피자를 먹어 보고 싶어요.

There's no need to ever go anywhere else.
다른 곳에 갈 이유가 전혀 없어요.

The pepperoni is homemade.
그 페페로니는 집에서 손수 만든 거에요.

Can you give me the phone number so I can order us a pizza?
피자 주문하게 전화번호 좀 줄래요?

I don't want eat there again.
그 음식점에서 다신 먹고 싶지 않아요.

I need a stiff drink.
나는 좀 독한 술이 필요해요.

What kind of whiskey do they serve here?
여기는 어떤 위스키가 있죠?

I think it is happy hour.
지금이 해피아우어 같은데요.

MORE EXPRESSIONS

Do they serve food?
음식도 있나요?

The bathrooms are disgusting!
화장실이 너무 지저분해요.

I could never be a bartender.
나는 바텐더가 절대 되지 못할 거야.

The waitress is not friendly.
그 종업원은 불친절해요.

Do you think we should dance?
우리 춤 출까요?

They close in an hour.
한 시간이면 문을 닫아요.

There's way too many people in here.
여긴 사람들이 너무 많아요.

PART 7
Health & Beauty

COLD & THE FLU 추위 & 감기 | **HOSPITAL** 병원
HAIRSTYLE 헤어스타일 | **BEAUTY SALON** 미용실
FASHION 유행 | **TREND** 경향 | **MAKE-UP** 화장
ACCESSORIES 액세서리 | **DIET** 체중 감량

PATTERN 059 | ~가 심해요.

I have such a(an) ~

STEP 1 백선엽의 SNS English 읽어 보기

I have such a runny nose. I've gone through three boxes of tissues. I feel horrible. I can't be sick this week; there's too much work!

콧물이 심하게 흘러요. 벌써 휴지를 세 통이나 썼다니까요. 끔찍해요. 이번 주에 아프면 안 되는데……. 일이 너무 많거든요!

STEP 2 메인 패턴 살펴 보기

I have such a **runny nose.**

콧물이 심하게 흘러요.

●●● 이 패턴을 직역하면 '난 그 정도의 ~을 가지고 있어' 가 됩니다. 그러나 영어에서는 직역을 하면 안 됩니다. 물론 영어초보자들은 직역을 먼저 해야 하지만 어느 정도 구력이 붙으면 이런 I have such a ~패턴도 상황에 따라 '난 ~가 심해', '난 ~가 많이 아파', '난 ~가 심하게 흘러' 등으로 의역을 할 수 있습니다. 아주 자연스럽게 말입니다.

STEP 3 패턴을 활용해서 주제와 관련한 댓글 달기

I have such a sore throat.

난 목이 너무 아파요.

▶ 목이 아프다고 할 때는 반드시 sore를 써야 한다.

I have such a sinus infection.

난 비염(축농증)이 너무 심해요.

▶ sinus infection은 비염, 축농증이다.

I have such an upset stomach.

난 위가 뒤틀렸어요.

▶ upset은 위아래가 뒤틀려버린다는 의미로 쓰였다.

I have such a runny nose.

콧물이 줄줄 흐른다니까요.

▶ runny nose는 콧물이 줄줄 흐르는 상황이다.

MY REPLY | 내 댓글 달아 보기

PATTERN 060 | ~이 궁금해요.

I wonder how ~

STEP 1 백선엽의 SNS English 읽어 보기

Has anyone heard about Sara? I wonder how long she will stay in the hospital. Prayers for her please! Get better soon!

Sara에 대해 들은 사람 있어요? 난 그녀가 병원에 얼마나 있을지 궁금해요. 그녀를 위해 기도해요! 빨리 낫기를!

STEP 2 메인 패턴 살펴 보기

I wonder how long she will stay in the hospital.

난 그녀가 병원에 얼마나 있을지 궁금해요.

●●● 이 패턴 역시 직역을 하면 '난 ~가 어떤지 궁금해' 이지만 내공이 있는 사람들은 의역으로 '~런지, ~까' 등으로 이해합니다. 예를 들어 I wonder how to spend the holidays.는 '휴가를 어떻게 보낼까?' 가 되겠죠?

STEP 3 패턴을 활용해서 주제와 관련한 댓글 달기

I wonder how one gives shots.
주사를 어떻게 놓는지 궁금해요.

▶ shot은 '주사를 놓다' 또는 '주사' 의 의미이다.

I wonder how the doctor made the diagnosis.
의사 선생님이 어떻게 진단을 할까 궁금해요.

▶ diagnosis(진료)는 prescription(처방전)과는 전혀 다른 의미로, '진찰을 하다' 는 make the diagnosis라고 한다.

I wonder how antibiotics work.
항생제가 어떻게 작용을 하는지 궁금해요.

▶ 여기서 work는 '일' 이 아니라 동사로 '작동하다, 작용하다' 의 의미이다.

I wonder how long she'll be in the hospital.
그녀가 병원에 얼마 동안 있을지 궁금해요.

▶ '입원하다' 를 be hospitalized라고 한다.

MY REPLY | 내 댓글 달아 보기

PATTERN 061 | 어떤 사람들은 ~를 좋아해요.

Some like to ~

STEP 1 백선엽의 SNS English 읽어 보기

Some like to change their natural hair color. I'm never doing it again! The orange hair coloring doesn't look natural. I feel weird!

어떤 사람은 그들의 자연스러운 머리 색을 바꾸기를 좋아해요. 난 절대 다시 그러지 않을 거예요! 오렌지색 머리는 자연스러워 보이지 않아요. 이상해요!

STEP 2 메인 패턴 살펴 보기

Some like to change their natural hair color.

어떤 사람은 그들의 자연스러운 머리 색을 바꾸기를 좋아해요.

● ● ● '어떤 사람들은 ~을 좋아한다' 고 할 때 쓰는 패턴입니다. '내 생각에는 어떤 사람들은 ~을 좋아하는 것 같아' 라고 자기 생각을 표현하고 싶다면 맨 앞에 I think를 붙여서 얘기하면 됩니다. I think some people like to be flattered.(내 생각에는 어떤 사람들은 아첨하는 말을 듣는 것을 좋아하는 것 같아.)처럼 말이죠.

STEP 3 패턴을 활용해서 주제와 관련한 댓글 달기

Some like to constantly brush their hair.
어떤 사람들은 꾸준히 머리를 빗는 것을 좋아해요.
▶ constantly은 '꾸준하게', constancy '불변'의 의미이다.

Some like to part their hair to the right.
어떤 이들은 오른쪽으로 가르마 타는 것을 좋아해요.
▶ 여기서 part는 '부분'이 아니라 '가르마를 타다'는 의미의 동사이다.

Some like to dye their hair blonde.
어떤 이들은 머리를 금발로 염색하는 것을 정말 좋아한다니까요.
▶ dye는 죽다(die)가 아니라 '염색하다'는 뜻이다.

Some like to spike their bangs.
어떤 사람들은 옆머리를 뾰족하게 하는 것을 좋아하죠.
▶ spike는 동사로 '뾰족하게 하다'는 의미이다.

MY REPLY | 내 댓글 달아 보기

PATTERN 062 | ~이지 않은 것 같았어요. / ~인 줄 몰랐어요.

I didn't think ~

STEP 1 백선엽의 SNS English 읽어 보기

I didn't think my hair looks bad, so I gave the stylist a tip. But everyone else was telling me that I shouldn't have. They said this hairstyle was already out of fashion.

난 내 머리 스타일이 나쁘지 않은 것 같았어요. 그래서 미용사에게 팁을 줬어요. 그런데 모두들 내가 팁을 주지 말았어야 한다고 하네요. 이 헤어스타일은 이미 유행이 지났대요.

STEP 2 메인 패턴 살펴 보기

I didn't think my hair looks bad.

난 내 머리 스타일이 나쁘지 않은 것 같았어요.

●●● '~인 줄 몰랐다' 는 의미로 이 문장에서는 헤어스타일이 나쁘지 않은 줄 알았는데 실제로는 나쁘다는 것이죠. 영어에서는 부정을 할 때 I didn't think처럼 부정문을 문장 앞에 둡니다. 그러므로 이 문장을 I think they didn't cost that much!라고 하지 않는다는 것이지요. I didn't think to find you here.(여기서 당신을 만날 줄은 몰랐어요.), I didn't think the boy's clever.(그 소년이 그렇게 똑똑한 줄은 몰랐어요.)

STEP 3 패턴을 활용해서 주제와 관련한 댓글 달기

I didn't think you colored your hair.

당신이 머리 염색하지 않은 줄 알았어요.

▶ 염색하다를 dye 대신에 color했다고 표현했다.

I didn't think you knew about this place.

당신은 여기를 몰랐던 것 같은데요.

▶ 여기서 this place는 헤어샵을 의미한다.

I didn't think you ever tipped that much.

그렇게 팁을 많이 주지 않았던 것 같은데요.

▶ tip(팁)은 주로 동사의 형태로 쓰인다. Tip him.이라고 하면 '그 사람에게 팁을 줘' 라는 의미가 된다.

I didn't think young women came here.

젊은 여성분들은 여기에 오지 않았을 것 같은데요.

▶ '젊은 여성' 은 young women, '젊은이' 는 youngster, '좀 젊은' 은 youngish.

MY REPLY | 내 댓글 달아 보기

PATTERN 063 | 난 ~을 사고 싶었어요.

I wanted to get ~

STEP 1 백선엽의 SNS English 읽어 보기

Boots are the big craze now, and I bought a new pair of boots on sale. I wanted to get pink, because it's the new color fad this year. But I couldn't find in that shop.

부츠가 지금 열풍이에요. 그래서 세일할 때 부츠 한 켤레를 샀어요. 난 분홍색 부츠를 사고 싶었어요. 왜냐하면 핑크색이 올해의 새로운 유행이거든요. 그러나 그 가게에서는 찾을 수가 없었어요.

STEP 2 메인 패턴 살펴 보기

I wanted to get **pink.**

난 분홍색 부츠를 사고 싶었어요.

●●● 이 문장에서 get은 '사다, 가지다' 라는 의미입니다. 그러므로 I wanted to get ~은 '난 ~을 사고 싶었습니다' 또는 '난 ~을 가지고 싶었습니다' 라는 뜻이지요.

STEP 3 패턴을 활용해서 주제와 관련한 댓글 달기

I wanted to get that expensive halter top.

난 그 비싼 홀터 상의를 사고 싶었죠.

▶ halter top은 어깨와 등 부분이 드러나고 목 뒤에서 끈으로 묶게 되어있는 여성용 상의를 말한다.

I wanted to get those beautiful heels.

난 예쁜 힐을 사고 싶었어요.

▶ 힐은 두 짝이므로 복수를 써서 heels라고 한다.

I wanted to get a new business suit.

난 새로운 비즈니스 정장을 사고 싶었어요.

▶ business suit는 여성용, 남성용 두 가지가 있다.

I wanted to get the same purse she has.

나는 그녀가 가지고 있는 같은 것과 같은 지갑을 사고 싶었어요.

▶ purse는 여성용 지갑이다.

MY REPLY | 내 댓글 달아 보기

PATTERN 064 | ~인 것 같은데요.

It seems like ~

STEP 1 백선엽의 SNS English 읽어 보기

Small cars seem to be the new fad. My wife saw my cousin with one. And now she wants to get a hybrid car, too. It seems like the trend is growing!

요즘 경차가 유행인 것 같아요. 부인이 내 사촌이 경차를 모는 것을 보았대요. 그리고 우리 부인도 하이브리드 자동차를 사고 싶어해요. 이러한 유행이 점점 퍼지는 것 같아요.

STEP 2 메인 패턴 살펴 보기

It seems like the trend is growing.

이러한 유행이 점점 퍼지는 것 같아요.

● ● ● '~처럼 보인다' 는 의미의 seem은 다양한 구문으로 표현할 수 있는데 그 중에 자주 쓰이는 패턴 형태가 It seems like ~나 It seems to ~입니다. 자주 쓰이는 패턴이므로 예문을 많이 보고 어감을 익히는 것이 좋습니다.

STEP 3 패턴을 활용해서 주제와 관련한 댓글 달기

It seems like he knows everything about it.

그가 그것에 대해서 모두 알고 있는 것 같아요.

▶ seem like 뒤에 절이 오면 that을 쓰지 않는다.

It seems like wide ties are now in fashion again.

폭이 넓은 넥타이가 다시 유행하는 것 같아요.

▶ wide는 폭이 넓은, 반대말은 narrow이다.

Now **it seems like** everybody flies on the airlines all the time.

이제는 모든 사람들이 항상 비행기를 타는 것 같아요.

▶ it seems like 앞에 이처럼 now나 these days를 써서 유행을 나타내기도 한다.

It seems like that song is popular these days.

그 노래가 요즘 유행하는 것 같아요.

▶ popular 인기 있는, 평판이 좋은, these days 요즘.

MY REPLY | 내 댓글 달아 보기

PATTERN 065 | 난 ~을 좋아하지 않아요.

I don't like ~

STEP 1 백선엽의 SNS English 읽어 보기

I don't like bright red lipstick. Makeup should look natural but it doesn't! It looks too fake. But I wanted red lips. I like pink lipstick.

난 밝은 빨간색 립스틱을 좋아하지 않아요. 화장은 자연스러워야 하는데 그렇지가 않아요. 너무 가짜처럼 보인다고요. 난 분홍 립스틱이 좋아요.

STEP 2 메인 패턴 살펴 보기

I don't like bright red lipstick.

난 밝은 빨간색 립스틱을 좋아하지 않아요.

●●● 아이라이너 또는 볼터치 등의 화장하는 스타일이 맘에 들지 않는다고 할 때 쓸 수 있는 패턴이 I don't like ~입니다. 그런데 이 패턴은 가까운 사이에 쓰는 것이 좋습니다. 모르는 사람에게 직선적으로 썼다가는 사이가 서먹해질 수 있습니다.

STEP 3 패턴을 활용해서 주제와 관련한 댓글 달기

I don't like what she does with her cheeks.

난 그 애의 볼터치 하는 스타일이 맘에 안 들어요.

▶ cheek '빰, 볼', cheeky '건방진', cheek tooth '어금니'.

I don't like this foundation.

난 이 파운데이션을 좋아하지 않아요.

▶ foundation은 상황에 따라 다양한 의미로 쓰이는데, 여기서는 '기초 화장품'의 의미이다.

I don't like either color.

두 색깔 모두 마음에 들지 않아요.

▶ either에는 세 가지 용법이 있다. 첫 번째는 부정어와 함께 써서 '~도 아니다(않다)'로 이 용법은 긍정의 too에 대응한다. 두 번째는 긍정문에서 둘 중의 어느 한 쪽을 가리킨다. 세 번째는 or과 함께 상관접속사로 쓰인다. either … or ~는 neither … nor ~에 대응한다.

I don't like your lip liner.

나는 당신의 립라이너가 맘에 안 들어요.

▶ 입술 라이너를 lip liner라고 한다.

MY REPLY | 내 댓글 달아 보기

PATTERN 066 | 그건 …를 ~하게 만들어요.

It just makes ~

STEP 1 백선엽의 SNS English 읽어 보기

I like a toe ring when I wear sandals. It just makes my feet look so good. Just like how the right shoes can make an outfit!

난 샌들을 신을 때 발가락 반지를 끼는 것을 좋아해요. 그것은 발을 예뻐 보이게 만들어요. 잘 고른 신발이 패션을 완성하는 것처럼!

STEP 2 메인 패턴 살펴 보기

It just makes **your feet look so good.**

그것은 발이 예뻐 보이도록 만들어요.

●●● 액세서리 하나가 사람을 다르게 보일 수 있다는 사실 여러분 다 아시죠? 특히 여성분들이 익혀두면 좋을 패턴이네요. It just makes your ~패턴은 '그건(액세서리) 당신의 …을 ~하게 만든다' 라는 패턴입니다.

STEP 3 패턴을 활용해서 주제와 관련한 댓글 달기

It just makes your eyes sparkle.

그건 당신의 눈을 생기 넘치게 해요.

▶ sparkle은 '스파클이 튈 정도로 생기가 넘치다' 는 의미이다.

It just makes your necklace look so big.

그건 목걸이를 너무 크게 보이게 한다니까요.

▶ a pearl necklace은 '진주 목걸이', wear a necklace은 '목걸이를 하다', unhook one's necklace은 '목걸이를 풀다' 는 뜻이다.

It just makes your outfit pop.

그건 당신 옷을 눈에 띄게 해요.

▶ outfit은 옷이나 패션을 의미한다.

It just makes your wrist look so small.

그건 당신 손목을 작아 보이게 해요.

▶ 손목은 wrist, 발목은 ankle이다.

MY REPLY | 내 댓글 달아 보기

PATTERN 067 | 난 ~하려던 것은 아니었어요.

I didn't mean to ~

STEP 1 백선엽의 SNS English 읽어 보기

Thanksgiving dinner was delicious! I didn't mean to eat so much! This diet I'm on is really hard to stick to. I'll go for a big walk tomorrow!

추수감사절 식사가 정말 맛있었어요. 그렇게 많이 먹으려고 했던 것 아니었는데! 지금 다이어트를 하고 있는데 너무 힘들어요. 내일은 많이 걸어야겠어요.

STEP 2 메인 패턴 살펴 보기

I didn't mean to eat so much!

그렇게 많이 먹으려고 했던 것은 아니었어요.

●●● 상대방의 자신의 말이나 행동에 대해 오해를 할 때 원래 의도는 그런 것이 아니었음을 밝히거나 혹은 자신의 행동에 대해 변명을 할 때 쓰는 패턴입니다. I didn't mean to say it like that.(그런 의도로 말한 것은 아니었어요.), I didn't mean to scare you.(놀라게 할(겁 줄) 생각은 아니었어요.)

STEP 3 패턴을 활용해서 주제와 관련한 댓글 달기

I didn't mean to make you eat that!
당신이 저것을 먹게 하려던 것은 아니었어요.
▶ make you eat that은 '저 음식을 네가 먹도록 만든다' 라는 뜻이다.

I didn't mean to gain weight this week.
난 이번 주에 몸무게를 늘리려고 했던 것은 아니었어요.
▶ gain weight는 '몸무게가 늘다', 반대는 lose weight가 된다.

I didn't mean to make you feel guilty.
당신이 가책을 느끼게 하려던 것은 아니었어요.
▶ guilty는 '가책을 느끼는' 의 의미.

I didn't mean to force everyone to skip dessert.
다들 디저트를 먹지 말라고 했던 것은 아니었어요.
▶ skip은 '수업을 빼먹다', '음식을 먹지 않고 건너뛰다' 는 의미가 있다.

MY REPLY | 내 댓글 달아 보기

MORE EXPRESSIONS

My nose is feeling stuffy. I'd better see a doctor.
내 코가 막힌 것 같아요. 병원에 가야겠어요.

I've got a bit of a cold.
감기 기운이 조금 있어요.

I have had a terrible cough for the last week.
난 지난주에 심하게 기침을 했어요.

Vomiting is the worst part about being sick.
아플 때 제일 끔찍한 게 토하는 거예요.

I think I need to get a flu shot.
독감 예방 접종이 필요하다고 생각해요.

I don't like taking cold medicine. What about you?
난 감기약 먹기 싫어요. 당신은 어때요?

The doctor says I have the flu.
의사선생님이 내가 감기가 있다고 말했어요.

I have a bad cold. I also have a high fever.
난 심한 감기에 걸렸어요. 열도 있다고 하네요.

My last cold lasted ten days.
지난 번 감기는 10일이나 지속됐어요.

When I have a cold, I take lots of vitamin C.
난 감기에 걸리면 비타민 C를 많이 먹어요.

I wonder how he hurt himself.
그 사람 어쩌다 다쳤을까요.

I experienced heartburn after eating spicy food.
매운 음식 먹고 나서 속이 쓰렸어요.

I could not work due to my bad headache.
난 심한 두통 때문에 일을 할 수가 없었어요.

The fried fish I ate last night gave me diarrhea.
난 지난 밤에 먹었던 튀긴 생선 때문에 밤새 설사했어요.

My son fell and hit his head, and I'm not sure if he needs to go to the doctor.
제 아들이 넘어져서 머리를 다쳤어요. 그런데 전 병원에 가야 하는지 어떤지를 잘 모르겠습니다.

We need a bandage for this cut. Do you have any?
상처 때문에 붕대가 있어야 해요. 가진 거 있어요?

My ankle was swelling.
내 발목이 완전 부었다니까요.

I had a cut on my hand and I also had a bruise on my leg.
난 손을 베었고 다리에 멍도 들었어요.

I broke my leg over spring break.
난 봄 방학 때 다리가 부러졌어요.

I'm pleased to hear about your restoration from sickness.
병이 다 나았다니 정말 기쁘네요.

Some like to use a lot of gel!
어떤 사람들은 젤을 많이 바르는 것을 좋아해요.

I like my hair cut short. I think it looks great on me.
난 내 짧게 자른 머리가 맘에 들어요. 내게 잘 어울리는 것 같아요.

The new fashion is curly. Anyone have curly hair?
새로운 유행은 컬이 있는 머리죠. 컬이 있는 머리를 가진 사람이 누구죠?

MORE EXPRESSIONS

Cutting hair in layers helps control it.
머리를 층을 내서 자르는 것은 관리하는 데 도움을 줘요.

I like to braid my long hair.
난 내 긴 머리를 땋고 싶어요.

Not many people get permanents anymore. I got one yesterday, though!
파마를 하는 사람이 더 이상 별로 없어요. 하지만 난 어제 했어요!

Her hair is long and straight.
그녀의 머리는 길고 곧아요.

Have you ever seen a brunette look so beautiful?
저렇게 예쁜 흑발 머리를 본 적이 있나요?

I gave stylist a tip. He was great!
난 미용사에게 팁을 줬어요. 그는 훌륭했어요!

They have many magazines to read while I wait.
기다리는 동안 읽을 잡지가 많았어요.

There are three stylists at the salon. They're great!
그 미용실에는 세 명의 미용사가 있어요. 그들은 솜씨가 뛰어나죠!

Their shampoo bowls are red. Not like the last place!
그들의 샴푸를 담는 그릇은 빨간색이죠. 지난 번 미용실과는 다르네요!

Tuesdays are senior citizen day.
매주 화요일은 나이 드신 분들의 날이에요.

There is a special chair for small children.
어린 아이들을 위한 특별한 의자가 있어요.

The stylist talked a lot. So annoying!
그 미용사는 말을 많이 했어요. 정말 짜증난다니까요!

They have six hair dryers.
거기엔 드라이어가 여섯 개 있어요.

I wanted to get a new handbag.
난 새 핸드백을 사고 싶었어요.

Stripes are in this year.
올해 유행은 줄무늬예요.

Everyone is carrying big purses now.
모두들 이제 큰 지갑을 가지고 다녀요.

My tweed jacket is very out dated. I love it though.
내 트위드 재킷은 아주 구식이에요. 하지만 난 좋아해요.

Striped pants and flowered shirts don't go together.
줄무늬 바지와 꽃무늬 셔츠는 어울리지 않아요.

Teenagers know all the new fashions.
십대들은 모든 새로운 패션에 대해 알아요.

Mini skirts are not fashionable. But they look good on girls!
미니스커트는 세련되지 않아요. 하지만 여자애들에게는 어울려요!

I wanted to get purple, because it's the new color fad this year.
난 보라색을 원했어요. 왜냐하면 그게 올해 유행하는 색이거든요.

Small cars seem to be the new fad.
요즘 경차가 유행하는 것 같아요.

MORE EXPRESSIONS

Everyone in this town is doing the same thing.
이 동네 모든 사람이 같은 일을 하고 있어요.

Why does everyone have the same cell phone?
왜 모두가 같은 종류의 핸드폰을 가지고 있죠?

I wish everybody would choose their own topic.
모든 사람이 각자 자신의 주제를 선택할 수 있었으면 좋겠어요.

It seems like the trend is growing.
그 유행이 점점 퍼지는 것같아요.

I can never bring myself to be like that.
나는 절대로 저렇게 할 수 없을 거에요.

She wanted to get a hybrid car, too.
그 여자는 하이브리드 승용차를 사고 싶어 했어요.

My neighbor decided to get a new garage like mine.
이웃집에 사는 사람도 우리 집 차고와 같은 차고를 가지고 싶어 해요.

She was just another fish in the sea.
그 여자 또한 세상의 많은 여자들 중 하나일 뿐이였어요.

Feel free to copy what everyone else is doing.
다른 사람이 하는 행동을 얼마든지 따라해도 돼요.

I don't like dark eyeliner.
난 진한 아이라이너를 좋아하지 않아요.

Makeup should look natural.
화장은 자연스러워야 해요.

A soft pink lipstick works for me.
연한 분홍은 나에게 어울려요.

A good concealer is a must. Anyone know a good one?
좋은 컨실러(피부 결점을 감추는 화장품)는 꼭 가지고 있어야 해요. 좋은 거 아는 사람 있어요?

Nail polish should be a tasteful color. What color should I do?
매니큐어는 우아한 색이어야 해요. 어떤 색이 어울릴까요?

Black nail polish is the new fashion trend.
검정색 매니큐어는 새로운 패션 경향이에요.

Her makeup looked too heavy.
그녀의 화장은 너무 진해요.

Eye shadow should be light and feathered.
아이셰도는 밝고 가벼워야 해요.

Mascara should be waterproof.
마스카라는 방수가 되어야 해요.

It just makes your head look big!
그건 머리를 크게 보이게 해요.

Pearl earrings are a classic accessory. Agree?
진주 귀걸이는 고전적인 액세서리예요. 그렇죠?

Purses come in all colors. Mine is blue.
지갑은 여러 색이 있어요. 내 것은 파란색이에요.

She wore many bracelets. Look at them all!
그녀는 팔찌를 많이 했네요. 저것들 전부를 좀 봐요!

Large diamond rings are obnoxious. Mine's just right.
큰 다이아몬드 반지는 불쾌해요. 내 것이 딱 적당하죠.

I always wear a watch.
난 항상 시계를 차요.

MORE EXPRESSIONS

Belts can change an outfit. I have ten different ones.
벨트는 외관을 바꿀 수 있어요. 난 10개의 다른 것을 가지고 있어요.

The right shoes can make an outfit.
잘 고른 신발이 패션을 완성해요.

The necklace was very dainty. It's so pretty!
그 목걸이는 정말 우아하네요. 너무 예뻐요!

You should eat a balanced diet.
균형잡인 식단으로 먹어야 해요.

Fruits and vegetables are a daily must.
과일과 야채는 매일 꼭 먹어야 해요.

Nuts and grains are very beneficial.
견과류는 영양이 많아요.

Exercise should be included in any diet.
운동은 어느 다이어트에도 포함되어야 해요.

Salad with low fat dressing is a good diet staple.
Anyone have favorites?
저지방 드레싱의 샐러드는 좋은 식단의 예죠. 좋아하는 사람 있어요?

Eggs and cheese are good forms of protein.
계란과 치즈는 양질의 단백질을 가지고 있어요.

Cutting down on saturated fats will improve your diet.
포화 지방을 줄이는 것은 다이어트를 향상시켜 줄 거예요.

A good diet will improve your health. Recommendations?
좋은 식단은 건강을 향상시킬 거예요. 추천해 줄 것 있어요?

Eating properly increases your energy.
적절히 먹는 것은 에너지를 증가시켜요.

PART 8
Sports

SWIMMING 수영 | **SOCCER** 축구 | **BASKETBALL** 농구
BASEBALL 야구 | **YOGA & PILATES** 요가 & 필라테스
SKI & SNOWBOARD 스키 & 스노보드 | **HIKING** 등산
WEIGHTING TRAINING 웨이트 트레이닝 | **SHOOTING A POOL** 당구

PATTERN 068 | 난 ~이 더 좋아요.

I prefer ~

STEP 1 백선엽의 SNS English 읽어 보기

Swimming is good exercise. I prefer swimming in swimming pool to swimming in the sea. I went the swimming pool this morning. The water was really cold though, but I was happy.

수영은 좋은 운동이에요. 나는 바다에서 수영하는 것보다 수영장에서 하는 것을 더 좋아해요. 오늘 아침에 수영장에 갔어요. 물은 정말 차가웠어요. 하지만 기분은 좋았어요.

STEP 2 메인 패턴 살펴 보기

I prefer **swimming in swimming pool.**

나는 수영장에서 수영하는 걸 더 좋아해.

••• prefer가 등장하면 무조건 '더 좋다, 더 낫다' 라고 이해하면 됩니다. prefer는 뒤에는 ~ing나 to, that절을 모두 쓸 수 있습니다. 〈prefer+to do〉, 〈prefer+목적어+to do〉, 〈prefer+that절〉 등으로 표현이 가능하니까 prefer to start early.(일찍 출발하는 편이 낫겠어요.)나 I prefer you to wait here., I prefer that you (should) wait here.(당신은 여기서 기다리는 게 좋겠어요.)처럼 쓰면 되겠죠.

SWIMMING
수영

STEP 3 패턴을 활용해서 주제와 관련한 댓글 달기

I prefer open water to pools.

나는 수영장보다는 그냥 오픈된 물이 좋아요.

▶ open water는 바다나 강처럼 오픈 되어 있는 물을 가리킨다.

I prefer competitive swimming.

나는 경쟁을 하는 수영을 더 좋아해요.

▶ compete는 '경쟁하다', competition는 '경쟁' 이다.

I prefer loose fitting suits.

난 좀 헐렁한 수영복이 더 좋아요.

▶ 수영복이 loose하다는 말은 '좀 헐렁하다' 는 의미이다.

I prefer to doggy paddle.

난 개헤엄을 더 좋아해요.

▶ 개헤엄을 dog-paddle이라고도 한다.

MY REPLY | 내 댓글 달아 보기

PATTERN 069 | ~가 오랜만입니다.

It's been a while since ~

STEP 1 백선엽의 SNS English 읽어 보기

I got to get outside yesterday and kick around a soccer ball. It's been a while since I ran so much! My legs are so sore today. I had fun!

난 어제 밖에 나가서 축구를 했어요. 그렇게 달려봤던 게 참 오랜만이었죠. 오늘 다리가 많이 쑤셨어요. 재미는 있었어요!

STEP 2 메인 패턴 살펴 보기

It's been a while since I ran so much!

그렇게 달려봤던 게 참 오랜만이었죠.

● ● ● 뒤에 since가 오는 우리말식으로 하면 현재완료시제가 들어간 패턴입니다. 오랜만에 무엇인가를 했을 때 쓰는 패턴입니다. It's been a while since I have been to a game!(우리 게임한 지가 참 오랜만이에요.), It's been quite a while since I saw you last.(마지막으로 보고 꽤 오랜만이에요.)

STEP 3 패턴을 활용해서 주제와 관련한 댓글 달기

It's been a while since I kicked around a ball.
공을 찬 지가 오랜만이군요.
▶ kink around a ball은 '공을 이리 저리 찬다' 는 의미이다.

It's been a while since I played goalie.
골키퍼를 해본 게 참 오랜만이에요.
▶ goalie는 골키퍼

It's been a while since I got this much exercise!
이렇게 운동을 한지가 참 오랜만이에요.
▶ exercise는 셀 수 없는 양이므로 much를 사용했다.

It's been a while since we had this much fun.
우리가 이렇게 재미있게 한 지가 오랜만이에요.
▶ fun 역시 many가 아니라 much를 써야 한다.

MY REPLY | 내 댓글 달아 보기

PATTERN 070 | ~해도 괜찮나요?

Is it okay if ~?

STEP 1 백선엽의 SNS English 읽어 보기

Let's shoot some hoops. I need to practice free throws. Is it okay if I use your basketball to play?

농구 하러가요. 난 자유투를 더 연습할 필요가 있어요. 농구공을 좀 써도 될까요?

STEP 2 메인 패턴 살펴 보기

Is it okay if I use your basketball to play?

농구공을 좀 써도 될까요?

●●● 누군가에게 부탁을 조심스럽게 하는 상황에 쓰면 딱 좋은 패턴으로 직장에서건, 집에서건 어떤 상황에서건 알아두면 요긴하게 써 먹을 수 있는 패턴입니다. if 다음에 오는 동사의 시제는 현재형으로 써야 한다는 것 잊지 마세요.

BASKETBALL
농구

STEP 3 패턴을 활용해서 주제와 관련한 댓글 달기

Is it okay if my brother plays on our team?
제 동생이 우리 팀에서 같이 뛰어도 될까요?
▶ be on a team은 팀에 속해 있다는 의미이다.

Is it okay if I only have these shoes to wear?
난 저 신발밖에 신을 것이 없는데 괜찮나요?
▶ 신발을 신는다고 할 때 wear나 put on을 쓴다.

Is it okay if I sit here?
여기 앉아도 될까요?

Is it okay if I play too?
내가 같이 뛰어도 될까요?
▶ play는 놀거나 장난칠 때도 쓰고 연극을 하거나 경기를 할 때도 쓴다.

MY REPLY | 내 댓글 달아 보기

PATTERN 071 | 난 많은 ~을 했어요.

I had a lot of ~

STEP 1 백선엽의 SNS English 읽어 보기

They played a nine inning game last night. I had a lot of fun watching it. The shortstop is a great player. I love him! He'll be a pro.

그들은 어젯밤에 9회 게임을 했어요. 관람하는 것이 정말 재미있었어요. 그 유격수는 훌륭한 선수예요. 난 그 선수를 정말 좋아해요! 그는 프로선수가 될 겁니다.

STEP 2 메인 패턴 살펴 보기

I had a lot of fun watching it.

관람하는 것이 정말 재미있었어요.

●●● 야구 등 운동경기를 할 때 실수를 많이 하거나 안타 등을 아주 많이 칠 때 I had a lot of ~패턴을 사용해서 말하면 됩니다. 여기서 a lot of는 many, much라는 의미가 되는 것이죠.

STEP 3 패턴을 활용해서 주제와 관련한 댓글 달기

I had a lot of doubles.
나는 엄청나게 많은 더블플레이를 했어요.

▶ doubles는 double plays라는 의미이다.

I had a lot of time on the bench.
나는 엄청나게 많은 시간 벤치를 지켰어요.

▶ 벤치를 지키는 사람, 즉 후보를 bench warmer라고 한다.

I had a lot of memories from summer baseball.
전 여름 야구경기에 대한 추억이 아주 많았습니다.

▶ memory의 복수형인 memories이므로 a lot of를 써야 한다.

I had a lot of errors.
난 엄청나게 많은 실수를 했어요.

▶ 여기서 error은 mistake(잘못, 실수)의 의미이다.

MY REPLY | 내 댓글 달아 보기

PATTERN 072 | 당신이 ~을 좋아한다고 들었어요.

I heard you like ~

STEP 1 백선엽의 SNS English 읽어 보기

I heard you like yoga and pilates. You can hire a pilates coach. I know a good one. And he's cute. You should see him when he's sweaty!

당신은 요가와 필라테스를 좋아한다고 들었어요. 당신은 필라테스 코치를 고용할 수 있어요. 내가 좋은 사람을 알아요. 그리고 그는 귀여워요. 당신은 그가 땀을 흘릴 때 봐야 해요!

STEP 2 메인 패턴 살펴 보기

I heard you like yoga and pilates.

당신은 요가와 필라테스를 좋아한다고 들었어요.

- I heard you like ~는 '당신이 ~을 좋아한다고 들었어요' 라는 의미로 정말 많이 쓰는 패턴입니다. like 뒤에 동사가 올 때는 to를 붙여서 I heard you like to ~로 쓰면 됩니다.

STEP 3 패턴을 활용해서 주제와 관련한 댓글 달기

I heard you like the new instructor!

난 당신이 새로운 선생님을 좋아한다고 들었어요.

▶ 선생님을 뜻하는 단어에는 teacher 외에 instructor가 있으며, 네이티브들은 instructor를 더 즐겨 쓴다.

I heard you like the way you are toning up!

난 당신이 당신의 tone up하는 방식을 좋아한다고 들었어요.

▶ tone up은 몸을 건강하게, 강하게 하는 것을 의미한다.

I heard you like to practice yoga.

난 당신이 요가하는 걸 좋아한다고 들었어요.

▶ '요가를 하다' 는 practice yoga나 do yoga를 쓴다.

I heard you like to stretch daily?

난 당신이 매일 스트레칭하는 것을 좋아한다고 들었어요.

▶ a daily (news) paper는 '일간신문' , one's daily life은 '일상 생활' 이다.

MY REPLY | 내 댓글 달아 보기

PATTERN 073 | 나는 ~를 감당할 여력이 없어요.

I can't afford ~

STEP 1 백선엽의 SNS English 읽어 보기

I really want to go to the mountains next weekend. But I just lost my job. I can't afford to take that trip. I'm so bummed!

다음 주말에 정말로 스키를 타러 가고 싶어요. 그런데 직장을 그만둬서 여행 경비를 감당할 여력이 안 돼요. 기분이 정말 좋지 않네요.

STEP 2 메인 패턴 살펴 보기

I can't afford to take that trip.

여행 경비를 감당할 여력이 안 돼요.

••• afford는 경제적으로 감당할 여력이 있다는 의미입니다. 부정문인 I can't afford는 경제적인 이유로 자신이 어떤 일을 하기가 버거울 때 쓰는 패턴인데 네이티브들이 돈과 관련된 얘기만 나오면 입에 달고 다니는 패턴이죠. I can't afford to buy a car.(나는 차를 살 여력이 안 돼요.), I can't afford to buy new boots.(난 새 부츠를 살 여력이 없어요.)

STEP 3 패턴을 활용해서 주제와 관련한 댓글 달기

I can't afford a pair of cross country skis.

크로스 컨트리 스키를 살 여력이 없어요.

▶ cross country skis는 활강 스키가 아니라 평지 등을 달리는 스키 종목이다.

I can't afford to buy your snowboard.

당신의 스노보드를 살 여력이 없어요.

▶ 요즘 스키장에 가면 예전에 비해 스노보더(snowboarder)들이 많이 늘었다는 것을 알 수 있다.

I can't afford all new ski clothes

새 스키복을 살 여력이 없어요.

▶ 미국 사람들은 청바지를 입고도 스키를 탄다. 스키탈 때도 세계에서 가장 패셔너블한 민족은 한국민족이다.

I can't afford those titanium poles.

티타늄 폴대를 살 여력이 없어요.

▶ titanium은 타이테니엄이라고 하는데 우리말로는 '티타늄' 이다.

MY REPLY | 내 댓글 달아 보기

PATTERN 074 | 난 ~해야 돼요. / ~할 필요가 있어요.

I need to ~

STEP 1 백선엽의 SNS English 읽어 보기

Our backpacks were too heavy. I need to lose some stuff! What do you think we don't need? I can't get rid of the cooking gear, though.

우리 배낭은 너무 무거웠어요. 나는 물건을 빼야 해요. 우리가 필요하지 않은 게 무엇이라고 생각해요? 근데 난 요리 도구는 빼놓을 수 없어요.

STEP 2 메인 패턴 살펴 보기

I need to lose some stuff!

나는 물건을 빼야 해요.

●●● 필요한 물건을 사거나 필요에 의해 뭔가 해야 한다는 생각이 들 때 쓰는 패턴입니다. need는 두 가지 형태로 쓰이는데 '~할 필요가 있다, 해야 한다' 라고 할 때는 〈need+to do〉를 써서 I need to mow the lawn.(나는 잔디를 깎아야 해요.), '(남이) ~해 줄 필요가 있다' 라고 할 때는 〈need+목적어+to do〉를 써서 I need you to help me with the dishes.(내가 접시 닦는 것을 네가 좀 도와줘야 해.)라고 합니다.

STEP 3 패턴을 활용해서 주제와 관련한 댓글 달기

I need to find another compass.
나는 다른 나침반을 찾아야 돼요.

▶ compass가 나침반이라는 것을 모르는 사람이 의외로 많다.

I need to talk to my cousin about another mountain.
난 새로운 산에 대해서 우리 사촌이랑 얘기를 해야 돼요.

▶ cousin 사촌

I need to think about using a map.
난 지도 보는 것에 대해 생각을 해야 돼요.

▶ using a map은 '지도를 보고, 사용하는 것' 이다.

I need to pick up the pace!
난 페이스(속도)를 따라가야 돼요.

▶ 여기서 pick up은 누구를 태워주는 것이 아니라 '페이스(걷는 속도)를 따라가는 것' 을 의미한다.

MY REPLY | 내 댓글 달아 보기

PATTERN 075 | 당신 ~은 다 했나요?

Are you done with ~?

STEP 1 백선엽의 SNS English 읽어 보기

Are you done with these dumbbells? They're just laying here. I really want to do my last set of the day. Please let me know soon!

이 덤벨을 다 사용했는지요? 여기에 놓여 있어서요. 제가 오늘 마지막 세트를 하려고 합니다. 빨리 알려주세요.

STEP 2 메인 패턴 살펴 보기

Are you done with these dumbbells?

이 덤벨을 다 사용했는지요?

●●● done은 do의 과거분사로 '다 하다'의 의미를 가집니다. 상대방이 일을 다 끝냈는지 물을 때 Are you done with ~패턴을 사용해 보세요. 짧지만 아주 유용한 영어패턴입니다. Are you done with the exercise bike?(운동용 자전거를 다 썼나요?)

STEP 3 패턴을 활용해서 주제와 관련한 댓글 달기

Are you done with the treadmill?
러닝머신 다 썼어요?

▶ 러닝머신은 treadmill이다. 네이티브들은 러닝머신이란 단어를 모르니 주의하자.

Are you done with those weights?
저 웨이트 기구들을 다 썼나요?

▶ 여기서 those weights는 웨이트 트레이닝을 할 때 쓰는 기구들을 말한다.

Are you done with the disinfectant spray?
소독(살균) 스프레이 다 썼어요?

▶ disinfectant spray는 소독이나 살균을 할 때 쓰는 스프레이.

Are you done with this machine?
이 기계 다 끝났나요?

▶ 여기서 this machine은 운동 기계를 말한다.

MY REPLY | 내 댓글 달아 보기

PATTERN 076 | ~한지 어떤지 궁금해서요.

I was wondering if ~

STEP 1 백선엽의 SNS English 읽어 보기

I'm going to play billiards with my friends this weekend. I'm so bad at pool and I'm afraid that I lose the game. I was wondering if you could give me some advise.

난 이번 주말에 친구들과 당구를 칠 예정이에요. 난 당구를 못 쳐요. 게임에서 질까 봐 걱정이네요. 조언을 해줬으면 해요.

STEP 2 메인 패턴 살펴 보기

I was wondering if you could give me some advise.

조언을 해줬으면 해요.

과거시제로 쓰이지만 해석은 현재로 합니다. 정말 궁금해서 묻는다기 보다는 상대에게 요청을 하거나 허락을 구하는 패턴이라고 할 수 있죠. 즉, 조언을 좀 해달라는 부탁의 표현입니다. I was wondering if 뒤에 you could ~가 오면 '네가 ~해 주었으면 좋겠다' 라는 요청이나 부탁의 의미이고, I was wondering if 뒤에 I could ~가 오면 '내가 ~해도 되겠냐' 하고 묻는 허락의 의미가 됩니다.

STEP 3 패턴을 활용해서 주제와 관련한 댓글 달기

I was wondering if you know any trick shots.
당신이 혹시 묘기 당구를 좀 알고 있는지 어떤지 궁금하네요.
▶ trick shots는 묘기를 부리는 샷이다.

I was wondering if you can tell me how to hold the cue.
어떻게 큐를 잡는지 설명해 줄 수 있는지요.
▶ '큐대를 잡는 것' 을 hold the cue라고 한다.

I was wondering if there's any way to make this shot.
이 샷을 성공시킬 수 있는 방법이 있는지 궁금합니다.
▶ make this shot는 이번에 치는 것을 성공시킨다는 의미이다.

I was wondering if it is my turn to play.
내 차례인지 궁금합니다.
▶ 보통 one's turn에서 turn은 '차례, 순번' 이라는 뜻이다.

MY REPLY | 내 댓글 달아 보기

MORE EXPRESSIONS

I prefer swimming alone.
나는 혼자서 수영하는 것을 더 좋아해요.

Swimming is good exercise. I went this morning.
수영은 좋은 운동이에요. 난 오늘 아침에 다녀 왔어요.

I prefer heated indoor pools. Anyone know one?
나는 따뜻한 실내 수영장을 좋아해요. 그런 수영장을 알고 있는 사람 있나요?

Aerobic swimming is good for arthritis.
에어로빅 수영은 천식에 좋아요.

I swim 10 laps a day. Anyone want to come with?
난 하루에 10바퀴 수영을 해요. 같이 갈 사람 있어요?

Children should be supervised when in the pool.
아이들은 수영장에 있을 때 주의 깊게 관찰해야 해요.

Swimming is an Olympic competition. It's great to watch!
수영은 올림픽 종목이에요. 보는 건 재미있죠!

I was on the swim team in high school.
난 고등학교 때 수영팀에 있었어요.

I think all children should be taught to swim.
모든 아이들은 수영을 배워야 한다고 생각해요

Swimming relieves stress. Agree?
수영은 스트레스를 완화해요. 동의하죠?

I always played midfielder.
난 항상 미드필더였어요.

We wanted to go but couldn't get tickets.
우리는 가고 싶었지만 표를 구할 수가 없었어요.

The World Cup was so exciting!
월드컵은 매우 신났어요!

The goalie must be seven feet tall!
그 골키퍼는 키가 7피트는 될 거에요!

The home team wears white.
그 홈팀은 흰색 유니폼을 입어요.

Did you get a yellow card?
경고를 당했어요?

The ball has hexagons on it.
그 공에는 6각형이 그려져 있어요.

I need to get a new pair of cleats.
나는 새 스파이크가 필요해요.

My dad is the coach for my high school team.
우리 아버지는 내 고등학교 시설 축구부 코치였어요.

I can't find the list of players on my team.
우리 팀 선수 명단을 찾을 수가 없어요.

Let's shoot some hoops.
농구하자.

I need to practice free throws.
나는 자유투 연습이 더 필요해요.

Do you know how to dribble between your legs?
다리 사이로 드리블하는 법을 아세요?

The entire team went out for pizza.
팀 전체가 피자 먹으러 나갔어요.

MORE EXPRESSIONS

The championship game starts directly after this one.
이 경기가 끝나자마자 챔피언전이 시작됩니다.

I was the best player on my high school team.
나는 고등부 팀에서 가장 뛰어난 선수였어요.

Did the home team score over one hundred points?
그 홈팀이 100점 이상 득점했나요?

You need to play zone defense.
지역방어 플레이를 해야 해요.

The batter hit a home run. I'm amazed!
그 타자는 홈런을 쳤어요. 난 놀랐어요!

They played a nine inning game last night!
그들은 어젯밤에 9회 경기를 했어요!

We watched two teams play at night.
우린 어젯밤에 두 팀이 경기하는 걸 봤어요.

They used wooden bats. Can you believe that?
그들은 나무 배트를 사용하곤 했어요. 믿어져요?

The shortstop is a great player.
그 유격수는 훌륭한 선수예요.

The pitcher threw a no-hitter.
그 투수는 안타를 하나도 주지 않았어요.

I bought three tickets to the game. Anyone want one?
난 세 장의 티켓을 샀어요. 원하는 사람 있어요?

She doesn't throw a good curve.
그녀는 좋은 커브볼을 던지지 못해요.

I dreamt of a baseball game. I played second base!
난 야구경기 꿈을 꿨어요. 난 2루에서 경기했어요!

I had a lot of fun watching it.
난 그것을 보는 게 정말 재미있었어요.

Yoga stretching is beneficial as you age.
요가 스트레칭은 당신이 나이 들수록 효과적이에요.

Any form of exercise is healthy.
어떤 형태의 운동도 건강에 좋아요.

Exercise reduces stress.
운동은 스트레스를 줄여줘요.

Massage can reduce tension and stress. Anyone know a good masseuse?
마사지는 긴장과 스트레스를 줄일 수 있어요. 좋은 마사지사를 아는 사람 있어요?

Yoga can be done at home. I use my TV to help!
요가는 집에서 할 수 있어요. 나는 TV로 요가를 해요!

You can hire a pilates coach. I know a good one.
당신은 필라테스 코치를 고용할 수 있어요. 나는 좋은 사람을 알아요.

There are yoga and pilates classes available at the school.
이용할 수 있는 요가와 필라테스 교실이 있어요.

The yoga class included all ages of people. I was the youngest!
요가 교실엔 모든 나이의 사람들이 있었죠. 나는 가장 어렸어요!

The yoga instructor was very professional.
그 요가 강사는 아주 전문가였죠.

MORE EXPRESSIONS

I heard you like yoga and pilates.
나는 당신이 요가와 필라테스를 좋아한다고 들었어요.

This powder is fantastic. I'm going again today.
이 설질은 환상적이에요. 난 오늘 또 갈 거예요.

I only use the bunny slope. I'm scared!
난 초보자용 슬로프만 이용할 거예요. 무서워요!

Our skis were rented. Too expensive to buy.
우린 스키를 빌렸어요. 사기에 너무 비싸서 말이죠.

The snowboard was designed for tricks.
그 스노보드는 묘기(트릭)를 위해 제작되었어요.

We got stuck on the chair lift. Four hours!
우리는 리프트에 갇혀 있었어요. 네 시간이나!

I am afraid of hitting a tree.
난 나무에 부딪힐까봐 두려워요.

I rode every slope that I could. I'm exhausted!
난 내가 할 수 있는 모든 슬로프를 탔어요. 완전 지쳤죠!

My brother's board is brand new. We're going today!
우리 남동생의 보드는 완전 새 것이에요. 우리 오늘 타러 갈 거예요!

I'm into mountain climbing.
전 등산에 빠져 있어요.

I go hiking every weekend.
전 주말마다 등산을 가요.

We backpacked for three days.
우리는 3일 동안의 짐을 쌌어요.

The mountain was filled with wildlife. I saw so much!
산은 야생생물로 가득 차있었어요. 난 정말 많은 것을 봤어요!

Our camp was set up quickly.
우리는 캠프를 빨리 설치했어요.

The creek was flowing fast. It was almost scary!
그 개울은 빠르게 흘렀어요. 무서웠어요!

Our path was covered in poison ivy. Yuck!
우리가 가는 길은 옻나무로 덮여 있었어요. 윽!

While we were climbing the mountain, we found some wild berries.
등산 도중에 산딸기를 발견했어요.

After climbing the mountain, I ached all over.
등산 후 온몸이 쑤시고 아팠어요.

Weight training should be taken slowly.
웨이트 트레이닝은 천천히 해야 돼요.

I lift 5 lb. weights every day.
나는 매일 5파운드 레벨을 들어요.

They offer weight training classes at the gym. I'm going to day.
그들은 체육관에서 웨이트 트레이닝 교실을 제공해요. 나는 거기 갈 거예요.

When I walk I carry weights.
난 걸을 때 무거운 것을 들고 걸어요.

MORE EXPRESSIONS

Strenuous weightlifting can cause sore muscles.
힘이 많이 드는 근력운동은 아픈 근육을 유발할 수 있어요.

Lifting heavy weights requires a spotter.
무거운 것을 드는 것은 스포터를 필요로 해요.

Weight training can increase strength.
웨이트 트레이닝은 힘을 키울 수 있어요.

He has his own set of weights at home.
그는 집에 근력운동 기구 세트가 있어요.

My friends and I go to the pool hall twice a week.
내 친구들과 나는 일주일에 두 번씩 당구장에 가요.

I have my own cue stick. It's maple!
나는 나만의 큐스틱을 가지고 있어요. 그건 단풍나무 목재예요!

He had blue chalk on his hands after the game of pool. He won!
그는 포켓볼 게임 후에 그의 손에 파란색 초크를 들었죠. 그는 이겼어요!

The green felt on the table was beginning to wear. Anyone know how to replace it?
테이블 위에 있던 초록색의 펠트가 닳아지기 시작했어요. 교체하는 법 아는 사람 있나요?

The game cost $1.00 to play. What a rip off?
그 게임 하는 데 1달러가 들어요. 완전 바가지죠?

The cue ball is white. Am I right?
큐볼은 흰색이에요. 내가 맞죠?

He set the balls up in the rack.
그는 삼각대 위에 공을 준비해 놓았어요.

PART 9
Special days

A BIRTHDAY PARTY 생일 파티 | A HOUSEWARMING PARTY 집들이
WEDDING ANNIVERSARY 결혼 기념일 | AT A FUNERAL 장례식
FAMILY REUNION 친목회 | HALLOWEEN DAY 할로윈
CHRISTMAS DAY 크리스마스 | NEW YEAR'S DAY 새해

PATTERN 077 | 우리가 가장 먼저 해야 할 일은 ~입니다.

The first thing we have to do is ~

STEP 1 백선엽의 SNS English 읽어 보기

Let's make this a surprise party. The first thing we have to do is keep this a secret! Let everyone know that we can't tell him about it!

서프라이즈 파티를 하자. 우리가 가장 먼저 해야 할 것은 비밀을 지키는 거야! 걔한테 얘기하지 말라고 모두에게 알려줘!

STEP 2 메인 패턴 살펴 보기

The first thing we have to do is keep this a secret!

우리가 가장 먼저 해야 할 일은 비밀을 지키는 거야!

●●● 의무사항 중에서도 우선순위가 있을 수 있습니다. 여러 가지 해야 할 일 중에서 가장 먼저 해야 할 일, 가장 급하거나 가장 중요한 일이 무엇인지 상대방에게 인지시킬 때 이 패턴을 사용합니다.

STEP 3 패턴을 활용해서 주제와 관련한 댓글 달기

The first thing we have to do is put together a guest list.
우리가 가장 먼저 해야 할 일은 손님 리스트를 모으는 거야.
▶ put together는 '합치고 모으다' 는 의미이다.

The first thing we have to do is order a fun cake!
우리가 가장 먼저 해야 할 일은 재미있는 케이크을 주문하는 거야.
▶ fun cake은 재미있게 장식한 케이크.

The first thing we have to do is decide on who is invited.
우리가 가장 먼저 해야 할 일은 누구를 초대할 것인가 결정하는 거야.
▶ '결정하다' 라는 단어 decide 다음에는 보통 전치사 on이 온다.

The first thing we have to do is reserve the hall.
우리가 가장 먼저 해야 할 일은 방을 예약하는 거야.
▶ '예약해두다' 의 reserve는 book, arrange for 등과 같은 의미이다.

MY REPLY | 내 댓글 달아 보기

PATTERN 078 | ~할 때입니다.

It's time to ~

STEP 1 백선엽의 SNS English 읽어 보기

Thank you for inviting us to your lovely new home. We had a great time. I hope we can it again soon. It's time to move to a new house. I would like to seek your opinion on my decision-making.

좋은 집에 초대해 줘서 정말 고마워요. 정말 재미있는 시간이었어요. 다시 올 수 있으면 좋겠어요. 우리도 새 집으로 이사할 때가 된 것 같아요. 조언을 부탁드리고 싶어요.

STEP 2 메인 패턴 살펴 보기

It's time to **move to a new house.**

우리도 새 집으로 이사할 때가 된 것 같아요.

●●● 무언가를 할 시간이 되었을 때 사람들에게 그때를 인지시키는 패턴입니다. 물론 to 다음에 동사를 씁니다. 앞에 I think가 붙어서 이제 ~할 때가 된 것 같다는 자기 생각을 쓸 수도 있습니다.

A HOUSEWARMING PARTY
집들이

STEP 3 패턴을 활용해서 주제와 관련한 댓글 달기

It's time to get to know everyone on the block!
다들 서로 인사를 할 때입니다.

▶ everyone on the block은 새로운 사람들.

It's time to pour everyone a drink!
다들 한 잔씩 할 때입니다

▶ pour over은 '쏟다, 엎지르다', pour a drink은 '술을 따르다'.

It's time to clean up for the guests!
손님들을 위해서 청소를 해야 할 때입니다.

▶ clean up은 '청소하다'.

It's time to start grilling
고기 굽기를 시작할 때입니다.

▶ grill은 석쇠로 굽다의 동사로 쓰였고, start 다음에는 grilling이라는 -ing형이 등장한다.

MY REPLY | 내 댓글 달아 보기

PATTERN 079 | 당신이 원하면, 내가 ~를 할 수도 있어요.

If you want, I could ~

STEP 1 백선엽의 SNS English 읽어 보기

If you want, I could give you your gift now. I'm nervous that you won't like it though. I really put some thought into what to get you!

당신이 원하면, 선물을 지금 줄 수도 있어요. 근데 좋아하지 않을까봐 좀 걱정이 되네요. 당신 줄려고 사실 많이 고민해서 하고 산 건데 말이에요.

STEP 2 메인 패턴 살펴 보기

If you want, I could give you your gift now.

당신이 원하면, 선물을 지금 줄 수도 있어요.

●●● 상대방이 원한다면 기꺼이 하겠다고 말할 때 이 패턴을 사용합니다. 데이트 할 때 알아두면 좋겠죠? If you want, I could present to you.(당신이 원하면 선물할 수 있어요.)

STEP 3 패턴을 활용해서 주제와 관련한 댓글 달기

If you want, I could make reservations.

당신이 원하면, 예약은 내가 할 수 있어요.

▶ 식당이나 티켓 등의 예약이 필요할 때 쓸 수 있다.

If you want, I could turn down the lights.

당신이 원하면, 내가 불을 좀 줄일 수 있어요.

▶ 불을 줄일 때는 turn off가 아니라 turn down을 쓴다는 것도 알아두자.

If you want, I could take the day off work.

당신이 원하면, 하루 정도야 쉴 수 있어요.

▶ '하루 쉬다' 는 표현은 take the day off work이다.

If you want, I could stay home with you today.

당신이 원하면, 오늘 당신과 함께 있을 수 있어요.

▶ 바쁜 현대 사회에서 이보다 더 좋은 선물이 있을까?

MY REPLY | 내 댓글 달아 보기

PATTERN 080 | 어떻게 ~는지 모르겠어요.

I just don't know how ~

STEP 1 백선엽의 SNS English 읽어 보기

I'm going to visit to mother's grave. It's been a hard time since my mom died. I just don't know how to deal with this sadness.

난 엄마 묘지에 가려고 해요. 우리 엄마가 돌아가신 후 난 힘든 시간을 겪고 있어요. 난 이 슬픔을 어떻게 해결해야 할지 모르겠어요.

STEP 2 메인 패턴 살펴 보기

I just don't know how to deal with this sadness.

난 이 슬픔을 어떻게 해결해야 할지 모르겠어요.

●●● hold up은 '(슬픔이나 아픔을) 견디다, 참아내다' 라는 의미입니다. 그러므로 이 패턴은 '그녀가 어떻게 견뎌내고 있는지 모른다' 는 뜻이 되죠. how to 다음에는 바로 동사(deal)의 형태가 올 수 있습니다.

AT A FUNERAL
장례식

STEP 3 패턴을 활용해서 주제와 관련한 댓글 달기

I just don't know how she's holding up.
그녀가 어떻게 견디고 있는지 모르겠어요.
▶ 여기서 hold up은 '지탱하다, 견뎌내다'의 의미로 쓰였다.

I just don't know how the family is doing so well.
가족들이 어떻게 그렇게 잘 지내는지 모르겠어요.
▶ 가족 중 하나를 잃었지만 가족들이 잘 견디는 상황에서 쓸 수 있는 표현이다.

I just don't know how to make the arrangements.
스케줄이나 절차를 어떻게 조정하는지 모르겠어요.
▶ '(스케줄이나 절차 등을) 서로 조정하다'라고 할 때 arrange를 쓴다.

I just don't know how we'll make it.
우리가 어떻게 해나갈지를 모르겠어요.
▶ make it은 '해나가다, 견뎌나가다, 만들어 나가다'는 뜻이다.

MY REPLY | 내 댓글 달아 보기

PATTERN 081 | ~를 드릴까요?

Can I get ~?

STEP 1 백선엽의 SNS English 읽어 보기

Can I get you a glass of cool orange juice? It tastes great. A glass of cool orange juice did me good.

차가운 오렌지 주스 한 잔 드릴까요? 맛이 아주 좋아요. 저는 차가운 오렌지 주스를 한 잔 마시면 기분이 좋아진답니다.

STEP 2 메인 패턴 살펴 보기

Can I get you a glass of cool orange juice?

차가운 오렌지 주스 한 잔 드릴까요?

● ● ● 여기서 get은 obtain으로 '주스 한 잔 드릴까요?' 란 뜻입니다. 어떤 음식을 권하거나 대접할 때 쓰이는 표현으로 식당에서도 자주 들을 수 있는 표현이죠. 비슷한 의미로 May I ~?를 쓰기도 하는데 Can I ~? 보다 좀더 공손하고 예의를 갖출 때 사용합니다.

STEP 3 패턴을 활용해서 주제와 관련한 댓글 달기

Can I get a snack for anyone?

누구 스낵 먹을 사람 있나요?

▶ 나쵸나 감자튀김 같이 간단히 먹을 수 있는 먹거리를 snack이라고 한다.

Can I get you a milkshake?

밀크셰이크 마실래요?

▶ 아주 간단하게 get you를 써서 표현한다.

Can I get another sandwich?

샌드위치 하나 더 먹을 수 있어요?

▶ 배가 고플 때는 주저하지 말고 샌드위치를 하나 더 달라고 말해 보자. 눈치보며 빼다가는 배만 고프다.

Can I get that for you?

저걸 줄까요?

▶ 너나 내가 이미 알고 있는 that을 가져다줄까? 하는 의미이다.

MY REPLY | 내 댓글 달아 보기

PATTERN 082 | ~가 정말 기다려져요.

I can't wait to ~

STEP 1 백선엽의 SNS English 읽어 보기

I can't wait to go to the Halloween party later tonight! I'll be dressed as a pirate. Just wait until you see my fake parrot! It looks real!

난 오늘 밤 늦게 있을 할로윈 파티가 정말 기다려져요. 난 해적처럼 입을 거예요. 내 가짜 앵무새도 기대하세요! 진짜 같아 보이거든요!

STEP 2 메인 패턴 살펴 보기

I can't wait to go to the Halloween party.

난 할로윈 파티가 정말 기다려져요.

●●● 직역하면 '~을 기다릴 수가 없다'로 '~가 너무 하고 싶어서 기다릴 수가 없다'는 뜻이죠. 따라서 '몹시 기다려진다'로 해석하는 것이 자연스럽습니다.

STEP 3 패턴을 활용해서 주제와 관련한 댓글 달기

I can't wait to eat all that candy!
난 사탕들을 먹는 것이 정말 기다려져요.
▶ 할로윈 때는 주로 아이들에게 캔디를 나눠준다.

I can't wait to put on my costume.
난 할로윈 분장과 의상을 입는 게 몹시 기다려져요.
▶ 여기서 put on은 '옷을 입거나 분장을 하다'는 뜻이다.

I can't wait to give candy to the kids.
난 아이들에게 사탕을 나눠주는 게 기다려져요.
▶ 할로윈 때는 아이들이 특별복장을 하고 집집마다 돌면서 trick-or-treat이라고 외친다.

I can't wait to carve my pumpkin.
난 호박 조각하는 게 기다려져요.
▶ carve는 '호박을 조각하다'는 뜻이다.

MY REPLY | 내 댓글 달아 보기

PATTERN 083 | 누구 ~가지고 있는 사람 있나요?

Does anyone have any ~?

STEP 1 백선엽의 SNS English 읽어 보기

Does anyone have any favorite Christmas songs? Kara's music really gets me in the Christmas spirit. White Christmas is so peaceful!

좋아하는 크리스마스 노래가 있는 사람 있나요? Kara의 음악은 크리스마스 분위기를 연출해요. 화이트 크리스마스는 정말 평화롭다니까요!

STEP 2 메인 패턴 살펴 보기

Does anyone have any favorite Christmas songs?

좋아하는 크리스마스 노래가 있는 사람 있나요?

●●● '~을 가지고 있는 사람이 있나요?' 라고 물을 때 쓰는 패턴으로 any가 두 번이나 반복되어 조금 어색하게 느낄 수도 있지만 실제로는 네이티브들이 아주 흔하게 사용하는 패턴입니다. 일례로 수업시간이나 발표가 끝난 다음에는 Does anyone have any questions?(질문 있는 사람 있나요?)라고 얘기하고 마무리하죠.

STEP 3 패턴을 활용해서 주제와 관련한 댓글 달기

Does anyone have any decorations?

누구 장식물을 가지고 있는 사람 있나요?

▶ decoration은 decorate(장식하다)의 명사형.

Does anyone have any cookies to decorate?

누구 장식할 쿠키 가지고 있는 사람 있나요?

▶ any가 들어가 있으므로 cookie가 아니라 cookies이다.

Does anyone have any gifts to wrap?

누구 포장지 가지고 있는 사람 있나요?

▶ 선물은 present 보다는 gift라는 단어를 더 많이 쓴다.

Does anyone have any christmas lights?

누구 크리스마스 장식등 가지고 있는 사람 있나요?

▶ Christmas lights(크리스마스 장식등), Christmas Eve(크리스마스 이브), Christmas card(크리스마스 카드), Christmas carol(크리스마스 캐럴), Christmas tree(크리스마스 트리).

MY REPLY | 내 댓글 달아 보기

PATTERN 084 | ~할까 생각 중입니다.

I'm thinking about ~

STEP 1 백선엽의 SNS English 읽어 보기

Happy new year everyone! I am hoping I can turn my life around this year. Last year was so crazy. It's a brand new year! I'm thinking about what my resolutions should be.

다들 새해 복 많이 받으세요. 올해는 제 인생도 잘 되기를 바랍니다. 작년은 정말 그랬거든요. 이젠 새해입니다. 난 신년계획을 뭐로 할까 생각 중입니다.

STEP 2 메인 패턴 살펴 보기

I'm thinking about what my resolutions should be.

난 신년계획을 뭐로 할까 생각 중입니다.

●●● 현재 머릿속에서 진행 중인 계획에 대해 말할 때, 고민거리에 대해 털어놓을 때 사용하는 패턴으로 뒤에 about을 많이 넣습니다.

STEP 3 패턴을 활용해서 주제와 관련한 댓글 달기

I'm thinking about what my resolutions should be.

난 신년계획을 뭐로 할까 생각 중이야.

▶ 새해의 결심을 New Year's Resolution이라 한다.

I'm thinking about everything that happened last year.

난 작년에 일어났던 모든 일들에 대해 생각 중입니다.

▶ last year은 '지난해', next year은 '내년'.

I'm thinking about making this the best year ever.

난 올해를 최고의 해로 만들 것을 생각입니다.

I'm thinking about renovating the house.

집을 다시 꾸밀 생각입니다.

▶ '수리하다' 라는 의미의 renovate는 [레너베잇]이라고 한다. 발음과 강세에 유의한다.

MY REPLY | 내 댓글 달아 보기

MORE EXPRESSIONS

Did you get the balloons and streamers?
풍선이랑 색테이프를 가져왔나요?

I like chocolate cake best. How about you?
난 초콜릿 케이크를 가장 좋아해요. 당신은 어떤가요?

There are 12 guests invited to the party. Don't forget to RSVP!
파티에는 12명이 초대되었어요. 회답 주는 것 잊지 마세요!

I'm trying to think of a theme for the party. Ideas?
난 파티 테마에 대해 생각하려고 노력 중이에요. 특별한 아이디어 있어요?

We are throwing a huge party this year... hope you can come!
우리는 올해 성대한 파티를 열 거예요. 당신이 왔으면 좋겠어요!

My mom always planned the best birthday parties.
우리 엄마는 항상 최고의 생일 파티를 계획했어요.

I want to have the party at our house.
난 파티를 집에서 열고 싶어요.

All of the guests brought gifts. Thanks so much!
모든 손님들은 선물을 가져왔어요. 정말 고마워요!

I want to have a birthday party.
난 생일 파티를 하고 싶어요.

I'm looking forward to welcoming our friends to our new home.
난 친구들을 우리 새로운 집으로 초대하기를 고대하고 있어요.

I'm going to throw a housewarming party. Details to follow.
난 집들이 파티를 열 계획이에요. 세부적인 것은 아래에 나와 있어요.

We need to make a guest list for our housewarming party.
집들이 파티를 위한 손님 명단을 만들 필요가 있어요.

Traditionally guests bring a small gift to a housewarming party. what should I bring?

전통적으로 손님들은 집들이 파티에 작은 선물을 가져간다네요. 나는 뭘 가져가야 할까요?

A housewarming party is a fun way to show off a new home.

집들이 파티는 새로운 집을 자랑하는 재미있는 방법이에요.

I love the paint colors you selected!

당신이 고른 색 정말 마음에 드네요!

Your home has a great layout. I'd like to come back to take some pictures.

집 정말 멋지네요. 사진 찍으러 다시 오고 싶어요.

I could use it as inspiration for decorating my house.

우리 집을 꾸미는 데 참고해야겠어요.

We have been married for five years.

우리가 결혼한 지 5년이 되었어요.

I'd like to get a traditional gift for the couple.

커플을 위해 전통적인 선물을 하고 싶은데요.

My husband always makes special plans for our anniversary.

우리 남편은 우리의 기념일마다 항상 특별한 계획을 만들어요.

We have the same anniversary as my parents.

우린 우리 부모님과 기념일이 같다니까요.

Every year we exchange gifts on our anniversary. What should I get him this year?

매년 우리는 기념일에 선물을 교환해요. 올해엔 남편에게 뭘 줄까요?

MORE EXPRESSIONS

I'd like to take a trip for our anniversary this year. Does anyone have a recommendation of where to go?
올해 기념일에는 여행을 가고 싶어요. 어디 갈지 추천해 줄 사람 있어요?

My husband has a hard time remembering our anniversary.
우리 남편은 우리 기념일을 잘 기억하지 못해요.

The twenty-fifth anniversary is called the silver anniversary.
25번째 기념일은 은혼식이라고 불러요.

I just don't know how to respond to their questions.
그들의 질문에 어떻게 대답을 해야 하는지 모르겠어요.

I'm going to a funeral later this week.
난 이번 주 후반에 장례식에 갈 거예요.

Grandma's funeral was really touching.
할머니의 장례식은 정말 감동적이었어요.

My granddad passed away.
우리 할아버지께서 돌아가셨어요.

I'm having a really rough time with this. How are you holding up?
난 힘든 시간을 겪고 있어요. 당신은 어떻게 견디나요?

I'm sorry for all you're going through.
당신이 겪고 있는 모든 것에 정말 유감이에요.

Describe the weirdest funeral you've ever been to.
당신이 가봤던 가장 괴상한 장례식에 대해 얘기해 보세요.

I know I need to go to the funeral, but I really don't want to.
나도 장례식에 가야 한다는 걸 알아요. 하지만 정말 가고 싶지 않아요.

Even though it was sad, Grandpa's funeral was a nice celebration of his life.
슬펐지만 할아버지의 장례식은 그의 인생에 대한 훌륭한 찬사였어요.

I'm headed to my husband's family reunion today.
난 오늘 우리 남편의 가족 모임에 가는 중이에요.

Can anyone recommend a nice family reunion site?
괜찮은 가족 모임 사이트를 추천해 줄 사람 있나요?

I need to go to my family reunion but I am having such a busy week!
난 가족 모임에 가야 하는데 정말 바쁜 주를 보내고 있어요!

I have some hilarious stories from the family reunion.
난 가족 모임에서의 웃긴 얘기를 들었어요.

Check out these pictures from my family reunion last weekend.
지난 주말의 가족 모임 사진을 봐요.

I'm going to plan a huge reunion for my family next summer.
여름에 나는 우리 가족을 위한 성대한 가족 모임을 계획할 거예요.

My family reunion today was crazy. Let me tell you what happened.
오늘 우리 가족 모임 장난이 아니었어요. 무슨 일이 있었는지 말해 줄게요.

I'm looking forward to seeing our family today.
난 오늘 우리 가족을 만나는 것을 기대하고 있어요.

Who do you think will be at the reunion?
가족 모임에 누가 올 것 같아요?

MORE EXPRESSIONS

I want to pass out Smarties candy to trick-or-treaters.
난 Smarties 사탕을 trick-or-treat을 하며 돌아다니는 아이들에게 전해 줄 거예요.

My daughter wants to dress as a princess for Halloween.
우리 딸은 할로윈에 공주처럼 입기를 원해요.

I want to learn how to sew so I can make costumes myself.
나는 스스로 입을 의상을 만들기 위해 재봉하는 방법을 배우고 싶어요.

Your Halloween party was so much fun. I hope you have one again next year.
당신의 할로윈 파티는 정말 재미있었어요. 내년에 당신이 또 열었으면 좋겠어요.

The weather was really brisk for trick-or-treating this afternoon.
오늘 오후의 날씨는 trick-or-treating 하기에 정말 상쾌했어요.

My mom used to make all my Halloween costumes when I was a kid.
우리 엄마는 내가 아이였을 때 할로윈 의상을 만들어 주시곤 했어요.

My favorite Halloween costume was a rabbit. What was your favorite costume?
내가 가장 좋아하는 할로윈 의상은 토끼죠. 당신이 가장 좋아하는 의상은 뭐예요?

We put up lots of Halloween decorations today. ghosts, witches, and pumpkins.
우리는 오늘 많은 할로윈 장식을 했어요. 귀신, 마녀, 그리고 호박.

My friends had a pumpkin-carving contest today. All the pumpkins looked great!
우리 친구들은 오늘 호박을 조각하는 대회를 가졌어요. 모든 호박들이 아주 훌륭했어요!

I can't wait to go to the Halloween party later tonight!
난 오늘 밤 늦게 있을 할로윈 파티가 정말 기대돼요!

Only three days until Christmas!
크리스마스까지 3일 밖에 안 남았어요!

I'm looking for ideas for unique holiday gifts.
난 독특한 명절 선물을 위한 아이디어를 찾고 있어요.

I just made my Christmas list today.
오늘 크리스마스 선물 목록을 만들었어요.

I'm looking forward to our first Christmas together. I want to make it really special.
난 우리가 함께 보내는 첫 번째 크리스마스를 정말 기대하고 있어요. 난 정말 특별하게 보낼 거예요.

This Christmas, we'll be traveling to Cancun!
이번 크리스마스에 우린 칸쿤으로 떠날 거예요!

After we open presents, I always enjoy the special brunch my dad makes.
선물 개봉 후에는 난 아빠가 만든 특별한 브런치를 먹어요.

I attended a special concert with my parents and my grandma on Christmas Day.
난 크리스마스 날에 부모님과 할머니와 함께 특별한 콘서트에 다녀왔어요.

What do you want for Christmas this year? I'm going to ask for new slippers.
올 크리스마스 때 어떤 선물 받고 싶어요? 난 새 슬리퍼를 사달라고 하려고요.

I am looking forward to seeing all my family over the holidays.
명절에 우리 가족 모두를 보는 게 정말 기대 돼요.

MORE EXPRESSIONS

I'm thinking about New Year's resolutions. Are you making any?
난 새해의 결심을 생각하고 있어요. 당신도 세우고 있나요?

My husband will be watching football on New Year's Day.
우리 남편은 새해 첫날 축구를 보고 볼 거예요.

New Year's Day is one of my favorite days to shop sales.
새해 첫 날은 세일하는 물건을 살 수 있는 내가 가장 좋아하는 날 중의 하나거든요.

New Year's Day feels like a fresh beginning.
새해는 새로운 출발처럼 느껴져요.

My friend had the first baby born in America in 2011!
내 친구는 2011년에 미국에서 첫째 아이를 낳았어요!

I'm going to sleep in and recover after being out late on New Year's Eve.
난 새해 전날 늦게까지 논 후에 잠을 푹 자고 회복할 거예요.

Our New Year's plans were changed when my daughter got the flu.
우리의 새해의 계획은 우리 딸이 감기에 걸려서 바뀌어 버렸어요.

What will you be doing New Year's Day? I want to reorganize my closet.
새해 첫 날 뭐할 예정이세요? 난 내 옷장을 다시 정리할 거예요.

I'm so tired after all the fun last night!
난 지난밤에 너무 재미있게 놀아서 피곤해요.

Let's make this the best year we've ever had.
지금까지의 어떤 해보다 올해를 최고로 만들어요.

PART 10
Personal life

PERSONALITY 성격 | **HOBBY** 취미 | **COMPUTER GAME** 컴퓨터 게임
PETS 애완동물 | **FACEBOOK** 페이스북 | **SMART PHONES** 스마트폰
SINGLE LIFE 독신 생활 | **FRIENDSHIP** 우정

PATTERN 085 | 어떻게 ~할 수 있어요?

How could you ~?

STEP 1 백선엽의 SNS English 읽어 보기

We're going parachuting tomorrow. How could you not be nervous? You're jumping out of a plane! I would be scared senseless!

우리 내일 스카이다이빙하러 갈 거야. 그런데 어떻게 긴장을 하나도 하지 않을 수 있니? 비행기에서 뛰어내린다니까! 난 긴장해서 죽을 거야!

STEP 2 메인 패턴 살펴 보기

How could you not be nervous?

어떻게 긴장을 하나도 하지 않을 수 있니?

●●● How could you ~는 이해 여부를 떠나서 상대방의 무례나 실수에 화가 났을 때도 쓰는 패턴입니다. 특히 도를 지나치는 언행을 하는 상대방에게 인상을 팍 쓰면서 말하면 됩니다. How could you make the same mistake twice?(어떻게 넌 같은 실수를 두 번이나 하지?)

STEP 3 패턴을 활용해서 주제와 관련한 댓글 달기

How could you laugh at that joke?
어떻게 그런 농담에 웃을 수가 있니?

▶ laugh는 '소리 내어 웃다', smile는 '소리를 내지 않고 표정만으로 웃다', giggle는 '킥킥 웃다'는 의미이다.

How could you judge her?
어떻게 네가 그녀를 판단하지?

▶ 사람이 사람을 판단한다고 할 때 judge라고 한다.

How could you be so mean?
어떻게 너는 그렇게 못될 수가 있니?

▶ 누군가가 mean하다는 말은 성격이 못되고 심술궂다는 의미로 이해하면 된다.

How could you think I was angry?
어떻게 내가 화났다고 생각할 수 있니?

▶ angry 대신에 mad를 쓸 수도 있다.

MY REPLY | 내 댓글 달아 보기

PATTERN 086 | 누구 ~하고 싶은 사람 있나요?

Anyone want to ~?

STEP 1 백선엽의 SNS English 읽어 보기

I have many model trains. Anyone want to buy some? They're on display in my house. I cleaned the display cases. It took three hours!

난 많은 모형 기차가 있어요. 사고 싶은 사람 있어요? 기차들은 내 집에 전시되어 있어요. 난 전시 상자를 깨끗하게 청소했어요. 세 시간이나 걸렸어요!

STEP 2 메인 패턴 살펴 보기

Anyone want to **buy some?**

사고 싶은 사람 있어요?

● ● ● '~하는 것을 원하는 사람 있나요?' 라고 물어볼 때 쓰는 패턴으로 원래는 앞에 Does를 붙여서 Does anyone want to ~?로 해야 하지만 편의상 짧게 줄여서 씁니다. 부정문은 Doesn't anyone want to ~?(~할 사람 없나요?)로, Doesn't anyone want to write my report for me?(내 대신 보고서 써줄 사람 없나요?)와 같이 쓰입니다.

STEP 3 패턴을 활용해서 주제와 관련한 댓글 달기

Anyone want to learn to run marathons?

마라톤을 배우고 싶은 사람 있어요?

▶ marathons는 마라톤

Anyone want to look at my coin collections?

내가 모은 동전을 보고 싶은 사람 있어요?

▶ 동전 모으기는 coin collection이라고 한다.

Anyone want to go to the hobby shop?

취미용품 가게에 가고 싶은 사람 있어요?

▶ shop은 가게 또는 상점으로 store와 같은 의미이다.

Anyone want to help me build railroad scenery?

기차 진열하는 것 도와줄 사람 있어요?

▶ railroad scenery는 모형기차 놀이를 하려고 기찻길을 세우고 모형기차를 올리는 것을 말한다.

MY REPLY | 내 댓글 달아 보기

PATTERN 087 | 난 ~하지 않을 수 없어요.

I can't help + ~ing

STEP 1 백선엽의 SNS English 읽어 보기

My mother bought new software. This is much better, and the games were addicting! I can't help thinking about new game. I spend too much time playing computer games.

어머니가 새로운 소프트웨어를 사왔어요. 이것이 훨씬 나아요. 그리고 게임은 중독성이 강해요! 난 새로운 게임을 생각하지 않을 수가 없어요. 너무 많은 시간을 게임을 하면서 보내고 있어요.

STEP 2 메인 패턴 살펴 보기

I can't help thinking about new game.

난 새로운 게임을 생각하지 않을 수가 없어요.

●●● 알고 있는 것 같아도 막상 쓸 때는 잘 떠오르지 않는 패턴이죠. can't help 뒤에 ~ing형이 아닌 명사형이 올 때는 can't help 뒤에 바로 명사형이 오는 것이 아니라 〈but+동사원형〉이 옵니다. I can't help but cry.(눈물을 참을 수가 없네요.)

STEP 3 패턴을 활용해서 주제와 관련한 댓글 달기

I can't help pressing keyboard buttons.

키보드 버튼을 누르지 않을 수가 없어요.

▶ button는 '단추', buttony은 '단추 같은', unbutton은 '단추를 열다' 는 뜻이 된다.

I can't help wondering how the game will unfold.

난 그 게임의 전개가 너무 궁금해요.

▶ unfold은 '펴다, 펼치다, (이야기가) 펼쳐지다' 라는 의미가 있다.

I could't help feeling that anonymity can be a lot more comfortable.

나는 익명이 훨씬 편하다는 것을 느끼지 않을 수 없었어요.

▶ anonymity(=anonym)은 익명.

I could't help thinking about that website.

나는 그 웹사이트에 대해 생각하지 않을 수가 없어요.

▶ can't의 과거형은 could't이다.

MY REPLY | 내 댓글 달아 보기

PATTERN 088 | ~하지 마세요.

Please do not ~

STEP 1 백선엽의 SNS English 읽어 보기

The dog knows so many tricks. We gave him so many treats to learn this new trick. Please do not feed him. He'll get sick!

그 개는 많은 묘기를 부릴 줄 알아요. 우리는 그가 새로운 묘기를 배울 수 있도록 대우를 잘해줬어요. 그에게 먹이를 주지 말아요. 그는 아플 거예요!

STEP 2 메인 패턴 살펴 보기

Please do not feed him.

그 개에게 먹이를 주지 말아요.

●●● Please do not ~은 사물이나 동물 등에게 '~하지 마세요' 라고 부탁할 때 쓸 수 있는 패턴입니다. 무엇인가를 부탁할 때는 무조건 Please ~를 먼저 말하는 것 잊지 마세요.

STEP 3 패턴을 활용해서 주제와 관련한 댓글 달기

Please do not give scraps to the poodle.
먹다 남은 찌꺼기를 푸들에게 주지 마세요.
▶ scraps는 먹다 남은 음식이나 과자 찌꺼기를 말한다.

Please do not put the animals in cages.
동물들을 우리에 가두지 마세요.
▶ put+동물+in cages는 동물을 우리에 가둔다는 의미이다.

Please do not give him his new toys.
애완동물에게 새로운 장난감을 주지 마세요.
▶ toy는 장난감으로 plaything와 같은 의미.

Please do not let my cat outside.
제 고양이를 밖에 내놓지 마세요.
▶ outside는 외부, beside는 곁에, inside는 내부에.

MY REPLY | 내 댓글 달아 보기

PATTERN 089 | ~ 봤어요?

Did you see ~?

STEP 1 백선엽의 SNS English 읽어 보기

He posted on my wall. Did you see it? It was great! I wrote him but it wasn't as funny. I just listed my favorite quotes. Check them out.

그는 내 담벼락에 글을 올렸어요. 봤어요? 멋졌어요! 난 그에게 하지만 웃기지는 않다고 썼어요. 난 내가 가장 좋아하는 인용구를 썼어요. 확인해 봐요.

STEP 2 메인 패턴 살펴 보기

Did you see it?

당신 그거 봤어요?

● ● ● I am ~패턴과 더불어 가장 간단하고 많이 쓰는 것이 Did you see ~?패턴입니다. '당신은 ~을 봤어?' 라는 의미죠. 앞에 where, when 등을 붙여서도 많이 사용합니다. 예를 들어 Where did you see it?하면 '당신 그것을 어디서 봤어요?' 가 됩니다.

STEP 3 패턴을 활용해서 주제와 관련한 댓글 달기

Did you see the link I sent you?
내가 보낸 링크 봤어요?
▶ link는 '링크, 연계(return address)' 이다.

Did you see what she wrote on her profile?
그녀가 프로필에 써놓은 것 봤어요?
▶ profile은 흔히 프로필이라고 하지만 발음은 [프로파일]이다.

Did you see the latest Facebook game?
최근에 나온 페이스북 게임 봤어요?
▶ the latest는 '최신, 가장 최근' 의 의미이다.

Did you see my profile picture?
내 프로필 사진 봤어요?
▶ 카카오톡을 봐도 요즘에는 다들 스스로 사진을 올리게 되어 있다.

MY REPLY | 내 댓글 달아 보기

PATTERN 090 | 얼마나 빨리 ~하나요?

How soon ~?

STEP 1 백선엽의 SNS English 읽어 보기

You don't have your charger? How soon until the battery dies? I hope it lasts through our trip. We need it in case of an emergency!

충전기 없죠? 밧데리가 얼마나 빨리 끝날까요? 우리 여행마칠 때까지 가면 좋겠어요. 비상 상황때 핸드폰이 꼭 필요하잖아요.

STEP 2 메인 패턴 살펴 보기

How soon until the battery dies?

밧데리가 얼마나 빨리 끝날까요?

'● ● ● 영어를 하다 보면 정말 요긴한 패턴입니다. '얼마나 더 기다려야 될까?' 라는 의미로 무언가가 빨리 그리 되기를 바라고 기대할 때 이 패턴을 사용합니다. How soon can I expect you?(얼마나 빨리 와 주시겠습니까?), How soon do you need it?(얼마나 빨리 필요하세요?).

STEP 3 패턴을 활용해서 주제와 관련한 댓글 달기

How soon before your plan is up?

당신의 계획은 얼마나 빨리 세울 수 있어요?

▶ Your plan is up.은 계획을 세운다는 뜻이다.

How soon until you develop your own app?

당신은 어플을 얼마나 빨리 개발하나요?

▶ app는 application을 줄여서 쓴 표현으로 흔히 '어플' 이라고 한다.

How soon until they come out with a new version?

새로운 버전은 얼마나 빨리 나와요?

▶ new version 신버전, old version 구버전.

How soon will it be done?

다 끝나려면 얼마 걸려요?

▶ 참 어려운 표현이 be done 같은 영어표현이다. 문장 속에서 외워야 한다.

MY REPLY | 내 댓글 달아 보기

PATTERN 091 | 난 ~를 믿을 수 없어요.

I can't believe ~

STEP 1 백선엽의 SNS English 읽어 보기

She finally broke up with him. I can't believe she's single now. Can you? At least she has a cat. Fantastic! She won't be completely alone.

그녀는 마침내 그와 헤어졌어요. 난 그녀가 지금 싱글이라는 게 믿겨지지 않아요! 당신은 그래요? 적어도 그녀는 고양이가 있잖아요. 아주 멋진! 그녀는 완전히 혼자가 아닐 거예요.

STEP 2 메인 패턴 살펴 보기

I can't believe she's single now.

난 그녀가 지금 싱글이라는 게 믿겨지지 않아요.

● ● ● 어떤 상황이 정말 믿기지가 않고 믿을 수 없을 정도로 당황스러울 때 쓰는 패턴이 I can't believe ~입니다. I can't believe it!(이거 정말 황당하군요!), I can't believe that happened to me!(나에게 그런 일이 일어났다니 믿을 수가 없어요!), I can't believe you lied to me!(당신이 나에게 거짓말을 하다니 믿을 수가 없어요!).

STEP 3 패턴을 활용해서 주제와 관련한 댓글 달기

I can't believe she got divorced after having a child!
그녀가 아이를 임신하고 이혼을 하다니 믿기지가 않아요.
▶ got divorced는 '이혼을 했다' 는 뜻이다.

I can't believe he lives in a studio apartment.
그가 원룸에 살다니 믿기지가 않아요.
▶ studio apartment는 우리말로 원룸이다.

I can't believe she has nobody in her life!
그녀 인생에 아무도 없다니 믿기지가 않아요.
▶ have nobody in one's life는 '아무도 사귀지 않고 사람이 없다' 는 의미이다.

I can't believe she dumped him!
그녀가 그를 차버리다니 믿기지가 않아요.
▶ dump는 '차버리다'.

MY REPLY | 내 댓글 달아 보기

PATTERN 092 | 우린 ~을 알아 왔어요.

We have known ~

STEP 1 백선엽의 SNS English 읽어 보기

We have known each other for years.
You are such a wonderful friend.
I can always trust you. You're great!
Thank you for everything you do.

우리는 서로를 수년 동안 알아 왔죠! 당신은 멋진 친구예요. 난 당신을 항상 믿을 수 있어요. 당신은 멋져요! 당신이 한 모든 것에 감사해요.

STEP 2 메인 패턴 살펴 보기

We have known each other for years.

우리는 서로를 수년 동안 알아왔죠!

●●● 어느 과거시점부터 지금까지 알고 지낸다고 할 때는 현재완료시제를 써서 We have known ~을 써서 표현합니다. 현재완료의 여러 가지 용법 중 계속에 속하는 패턴으로 그 수년 동안 계속 알고 지내고 있다는 의미입니다.

STEP 3 패턴을 활용해서 주제와 관련한 댓글 달기

We have known each others' deepest secrets.
우리는 서로의 깊은 비밀들을 알고 있어요.
▶ deepest secrets는 '아주 중요한(깊은) 비밀들' 을 말한다.

We have known him since childhood.
우린 그를 어릴 적부터 알고 있지요.
▶ childish는 '어린이 같은' , childlike은 '어린이다운' 의 의미이다.

We have known about her best friend for years.
우린 그녀의 베스트 프렌드에 대해 몇 년 동안 알고 있지요.
▶ best friend는 가장 친한 친구(베프)다.

We have known them for six years.
우리는 그들을 6년 동안 알고 지냈어요.
▶ for 다음에는 six years 같이 숫자가 따라온다.

MY REPLY | 내 댓글 달아 보기

MORE EXPRESSIONS

She was always happy. I wonder why?
그녀는 늘 행복했어요. 왜 그럴까요?

My wife is an introvert. I hate that!
내 아내는 내성적이에요. 난 그게 싫어요!

Today will be a great day! Life is great!
오늘은 멋진 날 일 거예요. 삶은 좋지요!

She snapped angrily at me. I'm going crazy here!
그녀는 나에게 화난 목소리로 따졌어요. 난 거의 미칠 뻔 했어요!

My attitude needed adjusting.
내 태도는 조절이 필요했어요.

My sister is very shy. Let's open her up some!
내 여동생은 수줍음이 많아요. 그녀의 마음 좀 열어봐요!

Our niece always wants more. How can we change that?
우리의 조카는 항상 좀 더 원해요. 어떻게 바꿀 수 있을까요?

The child seemed anxious. Wasn't he?
그 아이는 긴장되어 보였어요. 그렇지 않아요?

We had a very pesky neighbor. How to stop him?
우리는 성가신 이웃이 있어요. 그를 어떻게 막죠?

He always seemed sad. Anyone know why?
그는 항상 슬퍼 보였어요. 왜 그러는지 아는 사람 있어요?

I'm always so short with people.
난 항상 사람들에게 퉁명스러워요.

The baseball card collection was stolen.
그 야구 카드 모음은 도둑 맞았어요.

My brother runs daily. Anyone want to run with him?
내 남동생은 매일 달려요. 그와 함께 달리고 싶은 사람 있어요?

She collects stamps.
그녀는 우표를 모아요.

Her box of buttons was worth a lot of money.
그녀의 단추 상자는 많은 가치가 있어요.

She bought fourteen new coins. Can you believe that?
그녀는 열네 개의 새로운 동전을 샀어요. 믿어져요?

I wanted to visit the swap meet.
난 중고품 시장에 방문하고 싶었어요.

My t-shirt assortment grew steadily. I have over four hundred now!
내 티셔츠 모음은 늘어났어요. 난 이제 4백 개가 넘는 것을 가지고 있어요!

I refused to give up my toys.
난 내 장난감을 포기하지 않기로 했어요.

I can't stop learning new computer code.
난 새로운 컴퓨터 코드 배우는 것을 멈출 수가 없어요.

We bought a new laptop. I'm typing on it now!
우린 새 노트북을 샀어요. 난 지금 타이핑하는 중이에요.

The monitor needed cleaned.
그 모니터는 청소를 해야 해요.

Our memory was running low.
우리의 메모리는 고갈되고 있어요.

This keyboard is filthy! Time to clean it!
그 키보드는 더러워요! 청소할 때가 됐네요!

MORE EXPRESSIONS

The mouse was not responsive. It needs fixed!
그 마우스는 반응이 없네요. 고쳐야 해요.

I tried to fix the USB port. No luck!
난USB 포트를 고치려고 했는데 안 되네요!

Our flash drive was lost.
우리의 플래시 드라이브가 사라졌어요.

She changed the sound card.
그녀는 사운드카드를 바꾸었어요.

These cats are adorable! Love them!
이 고양이들은 귀여워요! 마음에 들어요!

My kitten is orange. He's wonderful!
내 고양이는 오렌지 색이에요. 그는 멋져요!

I didn't see him play with the mouse. But I found it dead!
난 그가 쥐와 노는 것을 보지 않았어요. 근데 죽은 것을 발견했어요!

The dog knows so many tricks!
그 개는 많은 묘기를 부릴 줄 알아요!

We gave him treats. He's happy now!
우리는 그에게 상을 줬어요. 그는 이제 행복해요!

Please do not feed the bird.
새에게 먹이를 주지 마세요.

I did not clean up after my dog
난 강아지를 씻기지 않았어요.

Look at that beautiful new collar!
저 아름다운 개 목걸이를 보세요!

We tried to play fetch. No luck!
우리는 데리고 놀려고 노력했는데 운이 없었어요!

My cat meowed all night long. I'm so tired.
고양이가 하루 종일 울었어요. 난 지쳐버렸다니까요.

I messaged my wife.
난 내 아내에게 메시지 보냈어요.

Please change your privacy settings. They need to be stronger!
사생활 설정을 바꿔요. 더 엄격하게 할 필요가 있어요!

The photos were cute! Loved them!
그 사진들 귀엽네요! 맘에 들어요!

We tried to change our profile picture. Did it work?
우리는 우리의 프로필 사진을 바꾸려고 노력했어요. 효과가 있었나요?

I listed my favorite quotes. Check them out.
난 내가 가장 좋아하는 인용구를 나열했어요. 확인해 봐요.

He poked me! Wow!
그는 나를 찜했어요! 와우!

We signed up my parents for an account. They're so hip now!
우리는 부모님을 등록했어요. 그들은 최신 유행을 따라가고 계신 거예요!

It is blocked at school. I am bummed.
학교에서는 페이스북이 막혔어요. 실망이에요.

I became your friend yesterday. Did you see the request?
난 어제 당신 친구가 됐어요. 내 요청을 봤나요?

MORE EXPRESSIONS

Our contract expires next month. Any ideas for new ones?
우리 계약은 다음 달이면 끝나요. 새로운 것에 대한 계획 있나요?

She wanted the latest version of the phone.
그녀는 최신 버전을 원했어요.

Our touch screen was broken.
우리의 터치 화면은 고장이 났어요.

It didn't have enough memory. Any advice?
메모리가 충분하지 않았어요. 어떡하죠?

I do not understand all its functions.
난 이것의 기능에 대해 이해가 되지 않아요.

We wished she had her own phone. No, she always borrows mine.
우리는 그녀가 그녀의 핸드폰을 가지고 있길 바랐어요. 아니에요. 그녀는 항상 우리 것을 빌려요.

I downloaded the latest browser. It's fast!
난 최신 브라우저를 다운받았어요. 빠르다!

The video capabilities are limited.
그 비디오 용량은 제한되어 있어요.

I'm constantly checking my social networking. Updates every hour!
난 계속 내 소셜 네트워크를 확인하고 있어요. 한 시간 마다 업데이트 되죠!

I really need to watch my spending.
난 내 지출을 잘 살펴봐야 해요.

All of her friends were married.
그녀의 모든 친구들은 결혼했어요.

She hated not having a boyfriend. Poor girl.
그녀는 남자 친구가 없는 것을 싫어했어요. 불쌍한 그녀.

He enjoyed being a bachelor. Good for him!
그는 독신남이 되는 것을 즐겼어요. 그에게 좋죠!

There was no reason to rush into marriage.
결혼에 서두를 이유가 없었어요.

He could go to Las Vegas whenever he wanted!
그는 그가 원할 때마다 라스베가스에 갈 수 있었어요.

He had to cook his own meals now.
그는 그 자신의 식사를 만들어야 했어요.

Nobody would wash his clothes for him.
아무도 그의 옷을 그를 대신해서 씻어주지 않았어요.

I can't believe she's single now.
난 그녀가 지금 싱글이라는 게 믿겨지지 않아요.

We have known each others' families our whole lives.
우리는 서로의 가족을 평생 알고 지냈어요.

We have known each other since high school.
우린 고등학교 때부터 서로 알고 지냈어요.

We have known each other for years!
우리는 서로 몇 년 동안 알아왔어요!

I can always trust you. You're great!
난 당신을 항상 믿을 수 있어요. 당신은 멋져요!

She could keep a secret. She's good.
그녀는 비밀을 지킬 수 있어요. 그녀는 괜찮은 사람이에요.

MORE EXPRESSIONS

We take vacations together every year!
우리는 매년 함께 휴가를 가요.

I promised him to always be there. I will, too.
난 그에게 언제나 거기 있겠다고 약속했어요. 또 그럴 거예요.

He knew how to listen. He's good.
그는 잘 들어줘요. 그는 친절하죠.

I could argue with her and cry with her. She's a friend.
난 그녀와 논쟁할 수 있고 그녀와 울 수 있어요. 그녀는 친구예요.

We think alike!
우린 서로 닮은 것 같아요!

It was much more than just knowing about each other.
그건 서로를 아는 것 이상의 관계였지요.

She invited me over for dinner.
그녀는 나를 저녁에 초대했어요.

PART 11
Mind & opinions

DREAMS 꿈 | **WISH** 희망 | **OPPOSITION** 반대
COMPLAINING 불만 | **OPINIONS** 의견 | **CONVICTION** 확신
ADVISE 충고 | **HABIT & BEHAVIOR** 습관 & 행동

PATTERN 093 | ~면 무엇을 하고 싶나요?

What do you want ~?

STEP 1 백선엽의 SNS English 읽어 보기

What do you want to do when you're rich? I'd love to buy my own plane and fly all around the world. Would you want to come with?

부자가 되면 뭘 하고 싶어요? 난 자가용 비행기를 사서 세계를 돌아다니고 싶어요. 나랑 같이 갈래요?.

STEP 2 메인 패턴 살펴 보기

What do you want to do when you're rich?

부자가 되면 뭘 하고 싶어요?

●●● What do you want ~은 상대방이 원하는 것을 물을 때 유용한 패턴입니다. 바로 명사가 와도 좋고 to ~를 사용해서 긴 문장으로 물어도 좋습니다. What do you want next year?(내년에 뭘 하고 싶어요?)

STEP 3 패턴을 활용해서 주제와 관련한 댓글 달기

What do you want to do when you grow up?
너 커서 뭘 하고 싶어?
▶ grow up은 '성장하다, 자라다'.

What do you want if you win the lottery?
복권에 당첨되면 뭘 하고 싶어요?
▶ 복권은 a lottery ticket인데 줄여서 사용한다.

What do you want after you graduate from college?
대학 졸업하고 뭘 하고 싶어요?
▶ 한국에서나 미국에서나 구직은 모든 학생들의 문제이다.

What do you want to be in the future?
당신은 장차 어떤 사람이 되고 싶습니까?
▶ What would you like to be when you grow up?과 같은 의미이다.

MY REPLY | 내 댓글 달아 보기

PATTERN 094 | 아무도 ~할 수는 없어요.

Nobody can ~

STEP 1 백선엽의 SNS English 읽어 보기

Nobody can stop you from achieving greatness. Follow your heart wherever it may lead and you'll do amazing things. I have faith in you.

아무도 당신의 소망을 멈추게 할 수는 없어요. 마음이 이끄는 대로 따라가다 보면 아주 놀라운 일을 하게 될 거에요. 난 당신을 믿어요.

STEP 2 메인 패턴 살펴 보기

Nobody can stop you from achieving greatness.

아무도 당신의 소망을 멈추게 할 수는 없어요.

- Nobody가 들어갔으므로 부정문으로 '아무도 할 수 없는 상황'에 쓰는 패턴입니다. 우리나라 사람들은 이런 방식처럼 앞에 부정이 들어가는 문장은 잘 말하지 못하는 경향이 있는데 연습을 통해 극복해 보길 바랍니다. Nobody can ever steal my dreams.(아무도 내 꿈을 훔쳐갈 수는 없어요.)

STEP 3 패턴을 활용해서 주제와 관련한 댓글 달기

Nobody can get in my way.
어느 누구도 날 방해할 수는 없어요.

▶ get in my way는 '방해하다, 길을 막다' 는 의미.

Nobody can give up on their hopes.
어느 누구도 그들의 소망을 포기할 수는 없어요.

▶ '포기하다' 는 give up.

Nobody can prevent me from graduating.
아무도 내가 졸업하는 것을 막을 수 없어요.

▶ 〈prevent + 목적어 + from + ~ing형〉은 '~로부터 날 막을 수 없다' 는 의미이다.

Nobody can stop me from winning.
아무도 내가 이기는 것을 멈추게 할 수 없어요.

▶ 꼭 이기고 말 것이라는 의지를 담고 있다.

MY REPLY | 내 댓글 달아 보기

PATTERN 095 | 난 결코 ~할 수 없어요.

I can never ~

STEP 1 백선엽의 SNS English 읽어 보기

Did you hear the new attack by the anti-government group? I can never support that. Never! It's so mean-spirited and just plain wrong.

반 정부 단체의 공격 소식을 들었어요? 난 절대 지지할 수 없어요. 절대! 정신 자체가 잘못되었고 그냥 잘못된 거예요.

STEP 2 메인 패턴 살펴 보기

I can never support that.

난 절대 지지할 수 없어요.

●●● I can never ~는 '결코 ~할 수 없다'의 의미로 뒤에 따라오는 동사에 따라 다양하게 활용할 수 있는 패턴입니다. 예문에서 보듯이 어떤 정책이나 상황을 지지하거나 인정할 수 없을 때도 사용합니다. I can never forgive him for this matter.(이번 일은 도저히 용서 못하겠어요.), I can never keep those twins straight.(저 쌍둥이들은 도저히 구분을 못하겠어요.)

OPPOSITION
반대

STEP 3 패턴을 활용해서 주제와 관련한 댓글 달기

I can never believe a Republican.
저는 공화당원을 결코 믿을 수가 없습니다.
▶ Republican은 공화당원, 반대로 Democrat은 민주당원을 가리킨다.

I can never sign such a petition.
저는 그런 진정서에는 결코 서명할 수 없습니다.
▶ 법원에 내는 진정서를 petition이라고 한다.

I can never donate to that charity.
저는 결코 그런 자선단체에는 기부를 할 수 없습니다.
▶ charity는 '자선단체' 다.

I can never trust your judgment.
난 결코 당신의 판단을 믿을 수가 없어요.
▶ judge는 '판사', judgement는 '판단', prejudge는 '미리 판단하다' 는 의미이다.

MY REPLY | 내 댓글 달아 보기

PATTERN 096 | ~하게 되어 미안해요.

I'm sorry to ~

STEP 1 백선엽의 SNS English 읽어 보기

I'm sorry to protest. But I just can't agree to that. Do you understand? That is a bad choice; it's not good at all!

반대해서 미안해요. 하지만 동의할 수 없어요. 내 말 이해돼요? 그건 안 좋은 선택이었어요. 전혀 좋지 않아요.

STEP 2 메인 패턴 살펴 보기

I'm sorry to **protest.**

반대해서 미안해요.

●●● 자신이 한 행위에 대해서 진심어린 사과를 하려고 할 때 I'm sorry to ~패턴을 씁니다. 물론 I'm so sorry ~라고 해도 됩니다.

STEP 3 패턴을 활용해서 주제와 관련한 댓글 달기

I'm sorry to disagree.
반대해서 미안해요.

▶ disagree의 반대는 agree이다.

I'm sorry to report you to the police.
경찰에 신고해서 미안해요.

▶ report는 '신고하다' 는 뜻으로 tell on, inform on, accuse 등과 같은 의미이다.

I'm sorry to turn you in.
당신을 고발해서 미안해요.

▶ turn (someone) in은 '(누구를) 고발하다' 는 뜻이다.

I'm sorry to bother you again.
또 방해해서 미안해요.

▶ bother은 '귀찮게 하다, 괴롭히다' 는 뜻이다.

MY REPLY | 내 댓글 달아 보기

PATTERN 097 | 그건 ~이기 때문이야.

That's because ~

STEP 1 백선엽의 SNS English 읽어 보기

I completely disagree with your opinion. Is there any way to change your mind? Do you want to hear what I think? It'll get you nowhere. That's because you doesn't listen to anybody.

나는 네 의견에 전적으로 동의하지 않아. 네 맘을 바꿀 방법이 있을까? 내가 어떻게 생각하는지 듣고 싶어? 그렇게 해도 소용없을 거야. 그건 네가 아무 얘기도 듣지 않기 때문이야.

STEP 2 메인 패턴 살펴 보기

That's because you doesn't listen to anybody.

그건 네가 아무 얘기도 듣지 않기 때문이야.

● ● ● That's because ~는 먼저 언급된 결론에 대해 '이유'를 말할 때 쓰는 패턴입니다. 가령 '내가 왜 이렇게 인기가 많냐고? 인간성이 좋아서 그래'라거나 '왜 자꾸 살이 찌는지 모르겠다고? 많이 먹고 운동을 안 해서 그래'라는 식으로 말할 때 씁니다.

STEP 3 패턴을 활용해서 주제와 관련한 댓글 달기

That's because he has such a narrow view.
그건 그가 편협된 생각을 가지고 있기 때문이야.
▶ narrow view는 아주 편협한 생각이나 관점을 가리킨다.

That's because I believe he has good vision.
그건 그 사람이 좋은 비전을 가지고 있다는 것을 내가 믿기 때문이지.
▶ 영어에서도 좋은 비전을 good vision이라고 한다.

That's because we need to protect the world's animals.
그건 우리가 세계의 동물들을 지켜야 하기 때문이야.
▶ protect는 '지키다, 보호하다'.

That's because I know what I'm talking about.
그건 내가 무슨 말을 하는지 내가 알기 때문이야.
▶ talk about은 '~에 대해서 얘기하다'.

MY REPLY | 내 댓글 달아 보기

PATTERN 098 | ~하는 건 어려워요.

It was hard to ~

STEP 1 백선엽의 SNS English 읽어 보기

She was very convincing. She made us believe it would only help us. It was hard to argue with that! What do you think? What would you say?

그녀의 말은 정말 확신이 갔어요! 그녀는 오직 그것이 우리를 도울 것이라고 믿게 만들었어요. 당신 생각은 어때요? 뭐라고 말하겠어요?

STEP 2 메인 패턴 살펴 보기

It was hard to **argue with that!**

거의 사실이죠!

●●● 사람의 마음을 바꾸거나, 누구를 믿기가 힘들었다라고 할 때 쓰는 패턴이 It was hard to ~입니다. 물론 현재 상황에서 믿기가 힘들다고 할 때는 It is hard to ~패턴을 쓰면 됩니다.

STEP 3 패턴을 활용해서 주제와 관련한 댓글 달기

It was hard to offer her my ideas.

내 아이디어를 그녀에게 주기가 힘들었어요.

▶ ideal은 '이상적인', idealistic은 '이상주의의', idealize는 '이상화하다' 라는 의미가 있다.

It was hard to try and explain.

설명하기가 힘들었어요.

▶ try and explain은 '설명을 시도하다' 라는 뜻이다.

It was hard to give details.

세부사항들을 주기가 힘들었어요.

▶ details는 '세세한 구체적인 사항들' 을 가리킨다.

It was hard to change his mind.

그의 마음을 돌리기가 힘들었어요.

▶ change one's mind는 '(누구의) 마음을 돌리다(바꾸다)' 라는 의미이다.

MY REPLY | 내 댓글 달아 보기

PATTERN 099 | ~하는 게 나아요.

It's better to ~

STEP 1 백선엽의 SNS English 읽어 보기

There's a major accident on the edge of town. It's better to go a different way. Try the highway. Be very careful and drive slow, please!

마을의 변두리에서 큰 사고가 있었어요. 다른 길로 가는 게 나을 거예요. 고속도로로 가요. 조심하고 천천히 운전해요!

STEP 2 메인 패턴 살펴 보기

It's better to go a different way.

다른 길로 가는 게 나을 거예요.

●●● 누군가에게 '~하는 게 낫다' 라고 조언할 때 쓰는 패턴입니다. 여기서 It은 가주어이고 to 이하가 진주어입니다. 보통 '~하는 것이 더 낫다' 라고 하면 -er than을 떠올리기 쉬운데, 비교 대상이 불분명할 때는 이 패턴을 이용한다는 것을 알아두세요.

STEP 3 패턴을 활용해서 주제와 관련한 댓글 달기

It's better to come up with an alternative method.

대안을 제시해보는 게 나아요.

▶ come up with는 '~을 제시하다' 라는 뜻이다.

It's better to talk to someone for help.

도와줄 누군가와 얘기하는 게 나아요.

▶ 영어의 묘미가 여기서 보듯이 for help를 문미에 붙이는 것.

It's better to get assistance.

도움을 받는 편이 나아요.

▶ get assistance는 '도움을 받다' 라는 의미.

It's better to try my idea.

내 아이디어로 시도하는 게 나아요.

▶ try는 '노력하다' 외에도 '시도해 보다' 라는 의미로도 쓰인다.

MY REPLY | 내 댓글 달아 보기

PATTERN 100 | 난 ~하려고 했어요.

I tried to ~

STEP 1 백선엽의 SNS English 읽어 보기

Good habits are harder to keep than bad ones. I tried to run every day but only did it three days in a row. Someone give me some advice!

좋은 습관은 나쁜 습관보다 지키기 더 힘들어요. 난 날마다 뛰려고 노력했는데 3일하고 그만 뒀어요. 누가 조언 좀 해줘요!

STEP 2 메인 패턴 살펴 보기

I tried to run every day but only did it three days in a row.

난 날마다 뛰려고 노력했는데 3일하고 그만 뒀어요.

● ● ● 문장에 try가 들어갔다고 해서 꼭 '시도하다' 라고 해석할 필요는 없습니다. 여기서 I tried to ~는 '나는 ~하려고 했다' 는 의미로 보면 됩니다. 이 문장에서 in a row는 '연속적으로' 라는 의미로 '3일동안 쭉' 이라는 뜻입니다.

STEP 3 패턴을 활용해서 주제와 관련한 댓글 달기

I tried to not do it in public.
나는 그것을 공공장소에서 하지 않으려고 했어요.
▶ in public는 공공장소에서

I tried to not pick my nose!
나는 코를 후비지 않으려고 했어요.
▶ pick one's nose는 '코를 파다, 후비다' 라는 뜻이다.

I tried to tell her she looked silly.
나는 그녀에게 웃겼다고 말하려고 했어요.
▶ look silly는 '웃겨 보인다' 는 의미이다.

I tried to quit.
나는 그만두려고 했어요.
▶ '그만두다' 라는 표현으로는 quit, give up, stop, cease 등이 있다.

MY REPLY | 내 댓글 달아 보기

MORE EXPRESSIONS

When I grow up, I want to be a doctor.
나는 커서 의사가 되고 싶어요.

I'd love to buy a house near the beach some day.
언젠가는 바닷가 근처에 집을 사고 싶습니다.

What are your dreams for the future?
미래의 꿈이 뭐예요?

We'd like to retire early and open a restaurant.
우린 일찍 은퇴해서 식당을 오픈하고 싶습니다.

She dreams of living in Italy.
그녀는 이탈리아에 사는 꿈을 가지고 있습니다.

He hopes to cycle across the United States.
그는 사이클로 미국 대륙 횡단을 하고 싶어 합니다.

My brother dreams of being famous.
우리 형은 유명해지고 싶은 꿈이 있어요.

If I had the time, I would go back to school to study history.
나는 시간이 있으면 학교로 돌아가서 역사를 공부하고 싶어요.

They dream of moving to Colorado.
그들은 콜로라도로 이사가는 꿈을 꾸고 있습니다.

She met the man of her dreams at the post office.
그녀는 우체국에서 꿈에 그리던 남자를 만났어요.

He hopes to fight poverty.
그는 가난과 싸우기를 원합니다.

I would love to switch careers and become a florist.
저는 커리어를 바꿔서 플로리스트가 되고 싶습니다.

They dream of seeing their children healthy and happy.
그들은 아이들이 건강하고 행복한 모습을 보는 꿈을 가지고 있어요.

My nephew dreams of buying a fast car when he turns sixteen.
우리 조카는 16살이 되면 빠른 차를 사고픈 꿈이 있어요.

I truly want the best for you!
난 진심으로 당신을 위해요.

She wanted three more wishes!
그녀는 세 개의 소원을 원했어요!

I imagine you will do great things some day.
난 당신이 언젠가는 훌륭한 일을 할 거라고 상상해요.

I will keep my fingers crossed. Good luck!
행운을 빌어줄게요. 행운을 빌어요!

Do not worry about me. I'm good!
나에 대해 걱정하지 말아요. 난 괜찮아요.

Everyone is rooting for you. Me too!
모두 당신을 지지해 주고 있어요. 나도 마찬가지죠!

She wants you to fulfill your dreams.
그녀는 당신이 당신의 꿈을 이루기를 원해요.

I added it to my bucket list.
난 그것을 장바구니에 추가했어요.

It was a lifelong goal of mine.
그것은 내 평생 목표였어요.

My parents wished for me to graduate.
내 부모님은 내가 졸업하기를 소망했어요.

It was a lifelong goal of mine.
그건 내 평생의 목표였어요.

MORE EXPRESSIONS

I hope I get it.
꼭 얻었으면 좋겠어요.

I can never support her policies.
저는 결코 그녀의 정책을 지지할 수 없습니다.

I refused to give in. I won't!
난 굴복하지 않았어요. 앞으로도 굴복하지 않을 거예요!

I know I am right. I know I am!
난 내가 옳다고 믿어요. 난 내가 맞다는 걸 알아요

He would never change his mind. That's for sure!
그는 그의 마음을 절대 바꾸지 않을 거예요. 확실해요!

It was an absurd thought. It's awful!
그것은 이상한 생각이었어요. 끔찍했다니까요!

The politician was hard-headed.
그 정치가는 냉정했어요.

My friend did not believe in abortion.
내 친구는 낙태를 믿지 않았어요.

There was no way I could be wrong!
내가 틀릴 리가 없어요.

I can never support that. Never!
난 절대 지지할 수 없어요. 절대!

This is a cause everyone should donate to.
이것이 모든 사람들이 기부를 해야 하는 이유예요.

The president will never waver.
그 대통령은 절대 약해지지 않을 거예요.

I'm sorry to tell on you.
당신에 대해서 얘기해서 미안해요.

This is an awful decision.
이것은 끔찍한 결정이에요.

You never do things right. Never!
당신은 절대 옳게 일을 하지 않아요. 절대!

That is a bad choice. It's not good at all.
그 선택은 좋지 못해요. 전혀 좋지 못해요.

I don't think we should do it your way.
난 우리가 당신 방식으로 해야 한다고 생각하지 않아요.

I can argue about it all night.
난 그것에 관해 밤새 논쟁할 수도 있어요.

I will file an official complaint.
나는 공식적인 불만으로 서류 처리할 거예요.

She even wanted to sue me! Can you believe that?
그녀는 심지어 나를 고소하려고 했어요! 믿어져요?

This is absolutely unacceptable.
이것은 확실히 받아들일 수 없어요.

Maybe you should think twice about going.
아마도 당신은 가는 것에 대해 2번은 생각해야 돼요.

Do you really support that charity?
당신은 그 자선단체를 정말로 서포트하나요?

MORE EXPRESSIONS

I really think supporting abortion is something you need to think deeply about.
낙태에 대해서 서포트하는 것에 대해선 깊게 생각해야 된다고 난 생각해요.

Everyone has the right to make up their own mind.
누구나 각자의 생각을 결정할 권리가 있습니다.

I completely disagree with your opinion.
난 당신의 의견에 전적으로 동의하지 않아요.

Do you want to hear what I think?
내가 어떻게 생각하는지 듣고 싶어요?

Is there any way to change your mind?
당신의 마음을 바꿀 방법이 있어요?

Certainly your mother didn't teach you to think like that.
당연히 당신의 어머니는 당신이 그렇게 생각하라고 가르치시지는 않았지요.

It was hard to believe her.
그녀를 믿기가 힘들었어요.

Maybe we should do it this way.
우리는 이런 방식으로 해야 할 것 같아요.

She wanted us to follow her lead.
그녀는 우리가 그녀를 앞장세워 따라가기를 원했어요.

My way will be a better way.
내 방법이 더 나은 방법일 거예요.

Perhaps you may try this.
당신은 이것을 시도해 볼 수 있을 거예요.

I believe you will support my cause.
난 당신이 내 명분을 지지해 줄 거라고 믿어요.

His agenda is very believable. Don't you think?
그의 의견은 꽤 믿을 만해요. 그렇게 생각하지 않아요?

She was very convincing.
그녀의 말은 정말 확신이 갔어요.

It was hard to argue with that.
그것에 논쟁을 거는 것은 힘들었어요.

I can give you more facts.
당신에게 더 많은 사실을 얘기해 줄 수 있어요.

I think she means this. Don't you?
그녀가 이것을 의미했다고 생각해요. 그렇지 않아요?

You had better do this.
당신은 이것을 하는 게 나아요.

You had better go a different way.
당신은 다른 길로 가는 게 좋겠어요.

You should enroll in this class. Will you?
당신은 이 수업에 등록해야 해요. 그럴 거죠?

My teacher suggested we write about this.
내 선생님은 우리에게 이것에 대해 쓰라고 제안했어요.

If I were you, I would dump him.
내가 당신이었으면 나는 그를 찼을 거예요.

Maybe you should find a new date.
아마 당신은 새로운 데이트 상대를 찾아봐야 할 거예요.

MORE EXPRESSIONS

I think you would be better to do it my way.
난 당신이 내 방식으로 하면 더 나을 거라고 생각해요.

You'll be happier if you take a vacation. Come with us!
당신은 휴가를 다녀오면 더 행복해 질 거예요. 우리랑 같이 가요!

You should try a career change.
당신은 직업을 바꿔야 해요.

This way will be easier. Try it!
이 방법이 쉬울 것 같아요. 시도해 봐요!

There is a shortcut over here. Come on over!
여기에 지름길이 있어요. 여기로 와요!

I tried to do it every day.
난 그것을 매일 하려고 했어요.

Smoking is my worst habit and hard to break.
흡연은 내 최악의 습관이고 끊기 힘들어요.

My sister had the habit of biting her nails.
내 여동생은 그녀의 손톱을 물어뜯는 습관이 있었어요.

It was my habit to have a snack before bedtime.
자기 전에 간식을 먹는 것이 내 습관이었어요.

Being sloppy is easier than being tidy.
꼭 들어맞게 하는 것보다 어설프게 하는 것이 더 쉬워요.

Good habits are harder to keep than bad ones.
좋은 습관은 나쁜 습관보다 지키기가 더 힘들어요.

My mother always expected us to be on our best behavior.
내 엄마는 항상 우리가 최고로 행동하기를 기대했지요.

People have different ideas of good behavior.
사람들은 좋은 행동에 대해 다른 견해를 가지고 있어요.

His behavior was embarrassing to me.
나는 그의 행동이 창피했어요.

Sleeping with a light on is a habit for some people.
불을 켜고 자는 것은 어떤 사람들에게는 습관이에요.